非物质文化遗产丛书

Intangible Cultural Heritage Series

王真和太极拳

北京市文学艺术界联合会　组织编写

杜军明　著

北京出版集团

北京美术摄影出版社

图书在版编目（CIP）数据

王其和太极拳 / 杜军明著 ；北京市文学艺术界联合
会组织编写. -- 北京 ：北京美术摄影出版社，2024.
10. -- （非物质文化遗产丛书）. -- ISBN 978-7-5592
-0676-3

Ⅰ. G852.11

中国国家版本馆CIP数据核字第2024EG8833号

非物质文化遗产丛书
王其和太极拳
WANG QIHE TAIJIQUAN

杜军明　著

北京市文学艺术界联合会　组织编写

出　版　北京出版集团
　　　　　北京美术摄影出版社
地　址　北京北三环中路6号
邮　编　100120
网　址　www.bph.com.cn
总发行　北京出版集团
发　行　京版北美（北京）文化艺术传媒有限公司
经　销　新华书店
印　刷　雅迪云印（天津）科技有限公司
版印次　2024年10月第1版第1次印刷
开　本　787毫米×1092毫米　1/16
印　张　16.25
字　数　184千字
书　号　ISBN 978-7-5592-0676-3
定　价　68.00元

如有印装质量问题，由本社负责调换
质量监督电话　010-58572393

组织编写

北京市文学艺术界联合会

北京民间文艺家协会

序

赵　书

2005 年，国务院向各省、自治区、直辖市人民政府，国务院各部委、各直属机构发出了《关于加强文化遗产保护的通知》，第一次提出"文化遗产包括物质文化遗产和非物质文化遗产"的概念，明确指出："非物质文化遗产是指各种以非物质形态存在的与群众生活密切相关、世代相承的传统文化表现形式，包括口头传统、传统表演艺术、民俗活动和礼仪与节庆、有关自然界和宇宙的民间传统知识和实践、传统手工艺技能等，以及与上述传统文化表现形式相关的文化空间。"在"保护为主、抢救第一、合理利用、传承发展"方针的指导下，在北京市委、市政府的领导下，非物质文化遗产保护工作得到健康、有序的发展，名录体系逐步完善，传承人保护逐步加强，宣传展示不断强化，保护手段丰富多样，取得了显著成绩。第十一届全国人民代表大会常务委员会第十九次会议通过《中华人民共和国非物质文化遗产法》。第三条中规定"国家对非物质文化遗产采取认定、记录、建档等措施予以保存，对体现中华民族优秀传统文化，具有历史、文学、艺术、科学价值的非物质文化遗产采取传承、传播等措施予以保护"。为此，在市委宣传部、组织

王真和太极拳

部的大力支持下，北京市于 2010 年开始组织编辑出版"非物质文化遗产丛书"。丛书的作者为非物质文化遗产项目传承人以及各文化单位、科研机构、大专院校对本专业有深厚造诣的著名专家、学者。这套丛书的出版赢得了良好的社会反响，其编写具有三个特点：

第一，内容真实可靠。非物质文化遗产代表作的第一要素就是项目内容的原真性。非物质文化遗产具有历史价值、文化价值、精神价值、科学价值、审美价值、和谐价值、教育价值、经济价值等多方面的价值。之所以有这么高、这么多方面的价值，都缘于项目内容的真实。这些项目蕴含着我们中华民族传统文化的最深根源，保留着形成民族文化身份的原生状态以及思维方式、心理结构与审美观念等。非遗项目是从事非物质文化遗产保护事业的基层工作者，通过走乡串户实地考察获得第一手材料，并对这些田野调查来的资料进行登记造册，为全市非物质文化遗产分布情况建立档案。在此基础上，各区、县非物质文化遗产保护部门进行代表作资格的初步审定，首先由申报单位填写申报表并提供音像和相关实物佐证资料，然后经专家团科学认定，鉴别真伪，充分论证，以无记名投票方式确定向各级政府推荐的名单。各级政府召开由各相关部门组成的联席会议对推荐名单进行审批，然后进行网上公示，无不同意见后方能成为列入县、区、市以至国家级保护名录的非物质文化遗产代表作。丛书中各本专著所记述的内容真实可靠，较完整地反映了这些项目的产生、发展、当前生存情况，因此有极高历史认识价值。

第二，论证有理有据。非物质文化遗产代表作要有一定的学术价值，主要有三大标准：一是历史认识价值。非物质文化遗产是一定历史时期人类社会活动的产物，列入市级保护名录的项目基本上要有百年传承历史，通过这些项目我们可以具体而生动地感受到历史真实情况，是历史文化的真实存在。二是文化艺术价值。非物质文化遗产中所表现出来的审美意识和艺术创造性，反映着国家和民族的文化艺术传统和历史，体现了北京市历代人民独特的创造力，是各族人民的智慧结晶和宝贵的精神财富。三是科学技术价值。任何非物质文化遗产都是人们在当时所掌握的技术条件下创造出来的，直接反映着文物创造者认识自然、利用自然的程度，反映着当时的科学技术与生产力的发展水平。丛书通过作者有一定学术高度的论述，使读者深刻感受到非物质文化遗产所体现出来的价值更多的是一种现存性，对体现本民族、群体的文化特征具有真实的、承续的意义。

第三，图文并茂，通俗易懂，知识性与艺术性并重。丛书的作者均是非物质文化遗产传承人或某一领域中的权威、知名专家及一线工作者，他们撰写的书第一是要让本专业的人有收获；第二是要让非本专业的人看得懂，因为非物质文化遗产保护工作是国民经济和社会发展的重要组成内容，是公众事业。文艺是民族精神的火烛，非物质文化遗产保护工作是文化大发展、大繁荣的基础工程，越是在大发展、大变动的时代，越要坚守我们共同的精神家园，维护我们的民族文化基因，不能忘了回家的路。为了提高广大群众对非物质文化遗产保护工作重要性的认识，这套丛书对各个非遗项目在文化上的独特性、技能上的高超性、发展中的传承性、传播中的流变性、功能上的实用性、形式上的综合性、心理上的民族性、审美上的地域性进行了学术方面的分析，也注重艺术描写。这套丛书既保证了在理论上的高度、学术分析上的深度，同时也充分考虑到广大读者的愉悦性。丛书对非遗项目代表人物的传奇人生，各位传承人在继承先辈遗产时所做出的努力进行了记述，增加了丛书的艺术欣赏价值。非物质文化遗产保护人民性很强，专业性也很强，要达到在发展中保护，在保护中发展的目的，还要取决于全社会文化觉悟的提高，取决于广大人民群众对非物质文化遗产保护重要性的认识。

编写"非物质文化遗产丛书"的目的，就是让广大人民了解中华民族的非物质文化遗产，热爱中华民族的非物质文化遗产，增强全社会的文化遗产保护、传承意识，激发我们的文化创新精神。同时，对于把中华文明推向世界，向全世界展示中华优秀文化和促进中外文化交流均具有积极的推动作用。希望本套图书能得到广大读者的喜爱。

2012 年 2 月 27 日

序

王志恩

　　盼望已久的忠实继承先祖原创太极拳之著作终于付梓，我实感欣慰。

　　我祖父王其和（1885—1932.8），字春山，是20世纪二三十年代太极拳界颇有成就的技击大师。由于他常年往来于北京和天津之间，所行之迹南至邯郸码头，西及晋之昔阳，东达齐鲁大地，他的影响力已经远远超出邢襄一隅。杨澄甫先师（1883—1936）《太极拳使用法》出版后，祖父也名列其中，更加扩大了祖父的知名度。

　　先父王景芳（1913—1982.11），字兰亭，忠实继承了其父衣钵，也是20世纪太极拳界的技击名家。先父嗜爱武术，一生只崇拜杨班侯先师（1837—1892）一人，其性格也酷似杨班侯。他艺高人胆大，拳架开展大方，尤善散手，颇有祖父风范。他深谙技击审敌之妙法，其妙手空空、阶及神明的太极功夫，以及众多奇闻逸事至今仍在武术界流传。祖父所创立的精湛拳艺和妙手空空的太极境界，以及制人而不伤人的精神，仍在感染、激励、鞭策着一代代的传人。

　　由于前几代人整体文化水平有限，只能依靠言传身教、口耳相传的方式传承，很多理论和事件都缺乏翔实的文字记载，从而造成了不少问题的模糊、混乱，甚至是以讹传讹。毕业于高等学府的曹绥华因其地下党身份暴露，于1941年被日寇暗害，从而使我门第二代传人中失去了一位栋梁之材。

我成长于太极世家，幼时即已随父习练太极拳。但20世纪50年代初的社会环境，致使父亲令我弃武从文。直到2000年初我退居二线后，适逢国家提倡全民健身，方才通过求教于同门师兄弟及传人，重拾幼时之所学。20年来，我工作的重点集中在对历史事实的考证、记载方面，兼及对我派太极拳的拳架进行了较为深入的调查和研究，并以历史、事实为依据，澄清、纠正了多年来的一些谣传、误传。但由于年龄以及功力所限，已再无精力和能力对祖父原传太极拳所蕴含的拳理、技法进行深入探究。

庆幸的是，在第三代之后又出现了既乐于继承祖业，又具有较高专业素养且在高等学府接受过教育的高级知识分子，其中就有在北京大学教学的第四代传人杜军明，可喜可庆！为了继承和研究我祖父、父亲的太极技艺，十几年来，他在繁重的教学之余，不辞劳苦，多次返乡考证、走访，获取了丰富的第一手资料，并结合自己的专业学识对我派太极技艺进行深入的分析和研究。与我不同的是，杜军明研究的重点和兴趣在于我祖父、父亲所传太极技法、劲法的原理和练功体系方面。这也正是我想要去做，而没能去做的事。所以，本书能够面世实为我门中之幸事。

如今，随着太极拳被列入联合国教科文组织人类非物质文化遗产代表作名录，传播到全国乃至世界各地。我们要胸怀敬畏，忠实、完整地继承祖父为我们留下的这份宝贵文化遗产，守住它的"根"和"脉"，保持它的原汁原味、原生态，使之不走样、不变味，并将之发扬光大。此乃吾辈之历史责任，也是本书著者的初衷及其良苦用心之所在。同时，在这里我还要对给予本书支持、帮助的诸位老师、专家学者表示诚挚的感谢。

2024 年 3 月 13 日于邢台

序

吕韶钧

杜军明老师的新作《王其和太极拳》即将问世，我受邀为其作序，倍感荣幸。

我与杜军明老师结识是在北京体育大学。当时，他正在攻读硕士研究生，他的勤奋好学给我留下深刻的印象。由于我们对太极拳、梅花拳，以及武医融合等传统武术方面有着共同的爱好和思考，因而也就有了更多的交流。毕业后，他入职北京大学体育教研部，从事武术、太极拳和传统养生方面的教学工作。其间，他又攻读了北京大学哲学博士学位，并在业余时间深研武医融合领域，成绩斐然，令人敬佩。2020年，经过重重努力，他成功将"王其和太极拳"申报为"北京市第五批市级非物质文化遗产代表性项目"，为王其和太极拳的传承发展做出了突出贡献。

太极拳是我国宝贵的文化遗产，它所蕴含的天人合一、阴阳循环等中国传统哲学思想和独特的养生理念，在我国乃至世界都有着广泛的影响力，深受中外人士的喜爱。2020年12月，太极拳被列入联合国教科文组织人类非物质文化遗产代表作名录，这标志着太极拳成为人类共享的文化遗产。它不仅在增进世界人民的健康福祉方面发挥着重要作用，也将对涵养人们包容、友善的心性，增强社会和谐发展，推动人类和平共处等方面产生积极的影响。

说实话，我以前对王其和太极拳并不是很了解，总以为它源于杨、武两家，在太极拳的拳理、拳法上没有什么实质性的突破，很难形成太极拳的一支流派。但是通过和杜军明老师的不断交流，阅读了他的书稿之后，我对王其和太极拳有了全新的认识。今天，杜军明老师作为王其和太极拳的传承人，将多年的研究与心得付诸文字，为我们呈现了一部关于王其和太极拳的权威之作。更难能可贵的是，杜军明老师并没有停留在对传统太极拳文化的简单传承上，而是在此基础上潜心深耕，收集了大量关于王其和太极拳历史发展的第一手文献资料，尤其是对王其和太极拳的重要代表性人物曹绥华在北京大学学习的这段历史进行了深入的思考和研究。可以说，杜军明老师在全面了解和准确掌握了王其和太极拳流派精髓的基础上，以其深厚的武术、太极拳功底和扎实的文化素养，就王其和太极拳的哲学思想、历史溯源、风格特征、技击要义、养生之道等方面进行了翔实的介绍，使得这部著作既有历史的厚重感，又不失现代气息，使我深受启发，受益匪浅。

我相信，《王其和太极拳》的问世，不仅是对王其和太极拳拳理、拳法的一次全面梳理，也是对整个太极拳体系的极大丰富，它也必将对太极拳的传承发展起到积极推动作用。在此，我衷心祝愿杜军明老师的这部新作能够受到广大读者和太极拳爱好者的喜爱与认可，并能为传承和弘扬太极拳文化贡献更多的力量。

谨此为序！

2024 年清明节于静心斋

前言

本书是一部全面、系统介绍北京市级非物质文化遗产代表性项目——王其和太极拳的著作。

王其和太极拳非常独特，它是王其和在习练多家拳术的扎实基础之上，又得杨、武两家之传，并融合了形意、八卦的身法、劲法，从而形成的一个以"磨转拧合，正中寓拗"为主要风格特征的太极拳流派。但由于王其和所传的太极拳一直没能进入现代武术发展的主流轨道，所以未能引起武术界的关注，专业人士对它的特点、理论、技法更是知之甚少，更毋庸说全面、系统的了解了。

直到王其和太极拳成为非物质文化遗产代表性项目后，它才逐渐进入人们的视野，并逐步为大众所知。

王其和在融合杨、武两家的基础上，结合了自身所学又有所发展，不仅在技术风格上进行了改变，其劲法、劲路也形成了自己的特点。尽管王其和曾留有十分珍贵的《拳论》手抄本，但更为珍贵的则是王其和留下的拳架、练功口诀，以及诸多口传心授之法，如"丹田内转两胯蹭"等。遗憾的是，100多年来，除了《拳论》，其他内容都未形成明确的文字记载。由于缺乏相应的文字记载，随着时间的流逝，极易造成误传，甚至谣传。同时，该技术体系缺乏显性知识的表达，其中的关键点难以有效传承、传递下去，也就无法让更多人接受，难以使其昌明。因此，对王其和太极拳的理法进行挖掘、整理和研究具有重要意义。

本书作者经过20多年的挖掘、整理与考证，以历史、事实为依据，对王其和太极拳历史渊源、传承情况、功法特点、理论来源、原理技术、技理技法、拳架内容、训练体系、文化价值等方面进行了全面、系统的介绍。在尊重历史事实，忠实继承原创、原传的基础上，结合自身专业知识，对王其和太极拳内部长期流传的练功口诀、要诀，进行了阐释；对其中蕴含的易理、医理、拳理的体用模式进行了说明；对其螺旋劲的形成机理进行了详尽解析；对王其和太极拳的劲法和练功体系等进行了归纳。因此，本书具有一定的历史价值、学术价值和文献价值。

由于本书是介绍性读物，编写初衷是让一般读者认识、了解王其和太极拳这一非遗项目的特点，所以其论述重心在于对历史形成、风格特点、拳架等内容进行概括性介绍。同时，考虑到让具有一定基础的读者更好、更深入地了解王其和太极拳，本书在尽可能保持通俗易懂的前提下，对其技法所蕴含的原理进行了较为详细的阐释。这部分内容具有一定的理论深度，也比较抽象、难懂，更适合于武术专业人士、深究太极拳原理的学者，以及热衷于探索、深究太极拳理法的读者。希望本书既能够使普通读者对王其和太极拳建立初步认识，也能作为其他武术形式对照、比较、研究的对象，为专业读者提供参考。

目录

CONTENTS

赵　书
王志恩
吕韶钧

王其和太极拳的历史溯源

第一章

太极拳的产生与主要流派

　　"太极"一词出自《周易·系辞》的"易有太极，是生两仪，两仪生四象、四象生八卦"，而太极拳就是根据这一思想和"刚柔相摩，八卦相荡"的理论，以及古太极图发展而来。需要注意的是，"太极"作为先秦时期的哲学观念，对后世中国人的思维方式影响巨大。及至宋明理学时期，周敦颐的《太极图说》与来知德的《太极图》等，又进一步阐明了太极中蕴含的哲学原理，对后世影响深远。所以，以太极为指导思想的拳法有很多，如八卦掌、梅花拳等，都是以太极、阴阳、八卦为基础理论，都遵循着太极之理，从某种意义上讲也属于太极拳的范畴。因此，民间很多拳法称自己为太极拳也就不足为奇了。

　　现今被列入联合国教科文组织人类非物质文化遗产代表作名录的太极拳起源于明末清初。这个太极拳早期曾称为长拳、绵拳、粘拳、十三势等。至于其来源，不得而知，有据可查的观点主要有两种。

　　一是认为太极拳出自道家，为张三丰所传。经若干传承后，由张三丰弟子刘古泉（生卒年不详）一支的弟子（一说为刘古泉本人）传于山西王宗岳（字林桢，具体生卒年不详，普遍认为其生活年代为明嘉靖、万历年间），而王宗岳所著的《太极拳论》《十三势总歌》等，被后世各家太极拳流派奉为圭臬。王宗岳之父王祖通与王宗岳之兄王宗行都经商，在山西、河南等地开有多家店铺。明万历二十四年（1596年），王宗岳在前往河南郑州检查生意途中，渡黄河前投宿于赵堡镇，因观看少年习武，结识了赵堡镇小留村的蒋发（生于万历二年，即1574年），后将其带回山西传授拳法。王宗岳收蒋发为徒时已是晚年，因年事已高又膝下无子，只有独生女儿王薇（约1555—1630），故蒋发的拳艺多由其女代授。后世，赵堡所传的太极拳被称为"大姑娘架"就是由此而来。蒋发学成之后返乡，传于赵堡镇的邢喜怀（约1589—1679）和陈家沟的陈王廷（约1600—1680），并由此发展出赵堡太极拳和陈式太极拳两个分支。据传，王宗岳在山西、河南等地还有其他支脉传承，武禹襄（1812—1880）之兄武澄清（1800—1884）的《王宗岳太极拳论》据说就得自河南舞阳县盐店；而现在山西的傅山太极拳（也称"子午太极"）也自称是经王宗岳的外孙韩霖（1596—1649）传给傅山（1607—1684）的。

另一种观点认为，太极拳始自陈家沟的陈王廷。持这一观点的人认为，陈王廷才是太极拳的真正创始人，蒋发仅是陈家的仆从。该观点还提出，赵堡太极拳是由陈式太极传人陈清平（1795—1868）所传，而陈清平的太极拳则出自陈家沟第六代传人陈有本所创的太极拳"小架"。但赵堡太极拳传人则否认了这一说法，他们认为陈清平的太极拳源自赵堡镇的张彦。按赵堡传承的排序应该是：王宗岳传蒋发，蒋发传邢喜怀，邢喜怀传张楚臣，张楚臣传陈敬柏，陈敬柏传张宗禹，张宗禹传张彦，张彦传陈清平。而且，赵堡传人还提出：陈家沟太极拳在传承过程中有过中断，乾隆年间陈敬柏在赵堡镇开武馆时，陈家沟的陈继夏、陈公兆是在向陈敬柏重新学习后，才再次传回陈家沟的。然而，陈清平既是陈氏后人又居住在赵堡镇，所以陈清平的太极拳究竟来源于谁，就成为争议的焦点。

从现存的证据链看，王宗岳是真实存在的。1867年，李亦畬在《太极拳小序》中曾说："太极拳不知始自何人。其精微巧妙，王宗岳论详且尽矣！后传入河南陈家沟陈姓，神而明者，代不数人。"另外，尽管双方对蒋发的身世存在争议，但也都承认蒋发这个人是真实存在的，而且陈家沟还留有蒋发与陈王廷二人的"合照"。然而，太极拳绝不可能独创于某一人之手，而是历经不断发展、完善形成的。从深层内容看，太极拳应是由冷兵器时代的枪术、弓术、棍术等技术与兵法思想，以及宋明理学与道家导引之学相融

◎ 蒋发与陈王廷 ◎

合而来的。

　　尽管太极拳的形成与创始人尚存在争议，但杨式太极拳源于陈家沟的陈长兴，而武式太极拳源自赵堡镇的陈清平，则是太极拳界所公认的。此后，各大太极拳流派的形成和传承脉络都较为清晰，各派在原来的传承基础上，也都发展出了自己的特点。河北永年广府的杨露禅（1799—1872），师从陈家沟的陈长兴，其太极拳经其子杨健侯和其孙杨澄甫修润定型，成为后世广为流传的杨式太极拳，其特点为中正安舒，沉稳自然；赵堡太极拳自身也分化出和式、代理、领落、忽雷等不同风格的拳架；武禹襄师从赵堡镇的陈清平，他在赵堡太极拳的基础上发展出武式太极拳，其特点为拳架紧凑，步法严格、灵巧，强调起承转合；杨露禅之子杨班侯从学于武禹襄又得其父之传，他将杨、武两家的特点相融合，形成杨式太极拳的"小架""用架"；杨班侯的弟子吴全佑所发展出的太极拳，经其子吴鉴泉在杨式"小架"的基础上进一步修润、改进，形成了吴式太极拳，其特点为功架紧凑，松静自然，轻灵圆活，注重柔化；河北完县人孙禄堂（1860—1933）从学于武式太极拳第

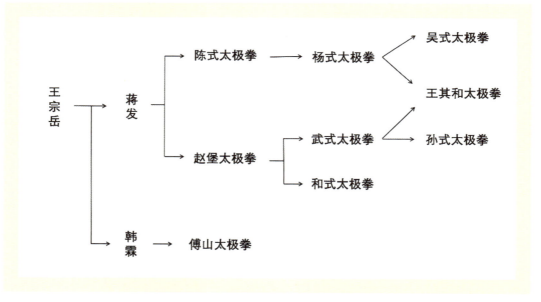

◎ 太极拳各流派的历史脉络 ◎

三代传人郝为真（1849—1920），并由此创编为孙式太极拳，其特点为活步开合、动作敏捷、转换轻盈；王其和太极拳则是集武、杨两家之传，并融合了形意、八卦之身法、劲法而形成的一个以"磨转拧合，正中寓拗"为主要风格特征的太极拳流派。这些太极拳都符合非物质文化遗产"百年以上、传承有序、风格独特、自成体系"的要求，已先后被列入国家级非物质文化遗产代表性项目名录及其扩展名录。

第二节

王其和太极拳的形成

清末民初是各大太极拳流派形成的高峰期，王其和太极拳也形成于这一阶段。王其和太极拳是清末民初王其和先生（生于光绪十一年即1885年，卒于1932年，字春山，人称"老春先生"，河北省邢台任泽区塔台村人，塔台村现称环水村）在习练多种拳术打下扎实基础上，又融杨、武两家太极之传，并吸收了形意、八卦的身法，将形意、八卦、太极三家精要合一，而形成的一个以"磨转拧合，正中寓拗"为主要特征的太极拳流派。至今已历百年六代。

王其和的第一位太极拳师父是杨式太极拳名宿杨兆林。杨兆林（字振远，人称"杨老振"，生卒年不详）是杨露禅之长孙，杨露禅长子杨凤侯之子。杨兆林的太极拳得自其父杨凤侯、叔父杨班侯，并得到祖父杨露禅真传，最为接近杨式太极拳早期原貌。

杨兆林在当地名望甚高，后世不少太极名手均曾受其指教。王其和自幼学习本村红拳，年岁稍长又随清末武举景廷宾学习梅花拳，后又拜北京"会友镖局"镖师刘瀛洲为师学习三皇炮捶，历经数年。刘瀛洲（约生于清咸丰初年即1851年，卒于1931年）别号"刘老瀛"，为清末著名镖师。刘瀛洲自幼学练红拳，后师从"张老殿"，学习三皇炮捶。张老殿原名张殿华，为清道光二十四年（1844年）武状元，也是三皇炮捶第四代正宗传人，

◎ 杨露禅 ◎

曾与同门弟子宋迈伦在京城创办会友、威远镖局。刘瀛洲先后在北京八大镖局中的会友、威远、永胜镖局当镖师，纵横南北数省。有一次，刘瀛洲与人比枪，输了一枪，后被杨兆林扳回，二人遂结为盟友。刘瀛洲不仅邀请杨兆林北上传拳，还命其子刘东汉、弟子王其和等拜杨兆林为师，改习太极拳。但后来杨兆林染上鸦片，病故于隆尧县东良乡东良村。杨兆林病故后，经刘瀛洲推荐，王其和又拜郝为真为师学习武式太极拳，每年正月十六前往，腊月二十三（小年）方回家，如此坚持六年之久。在吴文翰的《武派太极拳体用全书·名家小传》中，王其和便名列其中。据传，在广府学艺期间，王其和还曾得到杨健侯次子杨兆元的教导。

　　王其和与杨家的再次结缘，还要从1912年的一次洪水说起。王其和

◎ 杨兆林（左）与郝为真（右）二位先生 ◎

祖辈是靠在滏阳河流域搞水运为生，当时的广府是重要水陆码头。1912年夏，广府暴发了历史上罕见的大洪水。王其和家的船恰好就在广府城附近泊岸，于是他们便入广府城中，欲救郝为真先生一家。当他们赶到时，郝为真及家人已被他人救走。在返回途中，经过广府南关时，听见有人喊"救命"，于是驾船救出了这一家人。经过交谈，得知被救出者

是杨班侯夫人、杨澄甫夫人及其一家老小。后来，杨家人乘坐王其和家运粮船先到任县王村休整几天后，又由王其和护送，沿滏阳河到天津，然后在天津转乘火车到北京。临别时，杨澄甫夫人告诉了王其和杨家在北京的地址，并嘱咐如果到了北京一定要到家中做客。

1914年，王其和陪同郝为真先生赴京。然而，到京不久，郝为真先生染上了痢疾，被孙禄堂先生接到家中调治。而王其和无处可去，为求栖身之所去了杨家。由于之前的"救命之恩"，王其和到杨家后，受到杨家老小的热情款待。王其和也将自己多年学拳的经历和心愿向杨家父子叙述了一遍。杨家父子深为其痴迷太极的执着精神所感动，即刻让其把所学拳架（武式）演练一遍。由于当时王其和已练武多年，内外功兼备，具备了扎实的功底和技击能力，如后来杨澄甫对其弟子武汇川所言："人家（指王其和）在家时就已经成把式了。"所以，杨健侯（1839—1917）父子看后甚为赞许，说："架子就这样吧，不要再改了（指改学杨架），今后就整拳吧（指专门学习技击与劲法）！"就这样，王其和在杨家又重新拜师，跟随杨少侯（1862—1930）、杨澄甫重新学习杨式太极拳的理法、劲路，并时常得到杨健侯老先生的指点。杨家父子（杨健侯、杨少侯、杨澄甫）也将杨家三代积累的技法倾囊相

◎ 杨健侯（左）、杨少侯（中）、杨澄甫（右）三位先生 ◎

授，并将王其和视为杨式太极拳重要传人。在1931年由上海文光印务馆出版，杨澄甫亲自审定的《太极拳使用法·传承表》中，王其和也名列其中，排在第十八位。

王其和在杨家期间，杨家老小对王其和招待得格外周到。他不仅吃住在杨家，还在杨家父子的指导下将原来武式太极拳（硬架）按杨式太极拳的要求向松柔、轻灵和开展处做了变动，形成了他以武式太极拳为基础，兼收杨式风格的独特拳架。在风格上，王其和的太极拳架继承了武式太极拳结构严谨与杨式太极拳早期古朴、轻灵、松柔的特点；在劲路上，王其和也将武式圈子较小、用劲偏刚与杨家圈子较大、用劲轻柔的特征，以及武式刚中藏柔与杨式柔中藏刚的风格相融合，其劲法也变得更为空灵、凌厉。

虽然在杨家期间，王其和得到杨健侯、杨少侯、杨澄甫三人的传授，明确师承于杨澄甫，但在王其和太极拳内部，一直流传王其和拳艺真正得于"二先生"（杨班侯）的说法，属于杨式太极拳的"用架""小架"。关于这一点，王志恩先生在《嫡传王其和式太极拳》一书中有详细记载。而且，王其和先生之子王景芳，一身傲骨，在武艺上从不服人，但一生崇拜杨班侯，其性格刚强直爽与杨班侯极为相似，且也善用散手，技击劲法、招法也酷似杨班侯。然而，王景芳与杨班侯未曾谋面，他之所以将杨班侯当作自己崇拜的偶像，是因为其父在其成长过程中反复多次以敬仰的态度提到杨班侯，这在其幼时心灵中播下种子，使杨班侯成为其一生崇拜的偶像。此外，王其和的拳架、劲法与杨班侯留下的拳谱要求也十分相近，如杨班侯《全体大用诀》有"海底捞月亮翅变，挑打软肋不容情"两句，现在所传武式太极拳、杨式太极拳不仅没有"海底捞月"一式，而且"白鹅亮翅"右手也是高高举起，与"挑打软肋"的要求不符。而王其和所传的拳架不仅保留了"海底捞月"这个动作，"白鹅亮翅"也是挑打对方腋窝和软肋的。这也是王其和太极源于杨班侯一脉的证据之一。此外，由杨式太极拳发展出来的流派中，与王其和太极拳风格最为接近的是吴式太极拳。而吴式太极拳始祖吴全佑师从杨班侯，其子吴鉴泉后来又在杨式"小架"基础上对吴式

王其和太极拳

太极拳加以修订。在所有太极拳流派中，只有王其和太极拳与吴式太极拳第一势被称为"上步七星"，而且两者在动作要求上最为接近，要领、劲法、用法上也有许多近似之处。1965年，吴图南的两位弟子不远千里找到王景芳，亲自体验其空灵的技击功夫与墙上挂画的绝技，并在其家居住半个月才返回北京。之所以如此，或许正是因为吴图南曾学习过杨式"小架"，知晓两者同出一脉。

不过，根据现有材料，杨班侯于1892年逝世，而王其和在北京学艺是1914年，二者不可能产生直接关联。王其和学艺于杨班侯的传说或许与传统"言祖不言师"的习俗有关。所谓"言祖不言师"，即通过"言祖"以简明扼要地说明其技艺出自何处及关键人物，不详述整个传承过程。杨班侯自幼随武禹襄练习太极拳，融合武禹襄、杨露禅两家而创太极拳"用架"（也称"小架"）。由于当时杨班侯膝下无子，杨少侯虽然是杨健侯的长子，但按照古代过继顺序，幼年就被过继给了杨班侯，杨少侯的武艺也主要得自杨班侯。王其和在杨家学习期间曾得到杨健侯、杨少侯、杨澄甫，甚至家里女眷的指导，但王其和为人宽厚，功夫扎实，深得杨少侯喜爱，所以杨少侯指导得更多一些。加上王其和原来的太极拳师父，如杨兆林、杨兆元，也都出自杨班侯"小架"一系，因此，王其和内部所流传的王其和学艺于杨班侯的说法或许应该说是更多源自杨班侯一系则更为妥当。

在京期间，王其和还与孙禄堂交往甚深。郝为真在北京的时间总共两月，病愈后即前往天津"武士会"，并从天津乘船返回原籍，到永年中学任教，而王其和则留在了北京。在京期间，王其和常受孙禄堂之邀一起研习武式太极拳，此后多年两人仍保持着联系。在与孙禄堂多次交流后，王其和也从孙禄堂处借鉴了形意拳和八卦掌的身法、步法、劲法，形成了他以杨、武式太极拳为基础，兼具形意、八卦身法、劲法的新型拳势风格和独特劲路。王其和的太极拳架，动若磨转、步如蹚泥、肩走鹰翻、腰如虎坐、手如抽丝、劲走螺旋，动作轻灵，形如扑鼠之猫，发劲干脆冷冽，独具韵味。由于王其和太极拳的动作、拳理强调"磨转拧合"，其步法进退、转身、扣步都是脚贴地而行，故在业内又

◎ 孙禄堂 ◎

被称为"磨转太极"。

　　王其和从北京返回家乡后，并无开宗立派之心。该拳架的形成只是王其和醉心拳艺，研究杨、武两家太极拳的心得精要。由于王其和所演练的拳架风格似杨非杨，似武非武，也无固定名称，对外只说是杨、武两家所传的太极拳。河北任县是杨式、武式、郝式太极拳重要传播地，历史上曾有多位太极拳大师在此长期授艺，后来又有1928年杨澄甫定架之后的杨式大架、董英杰所传的杨式太极，以及新中国成立后国家推广的简化二十四式等诸多太极拳的传入。随着王其和拳架流传得越来越广，最初人们为了区分王其和拳架与杨、武、郝等几家风格的不同，将王其和所传的拳架称为"杨武式""郝杨架""混合架"，这些不同的名称都是取其兼收杨、武两家之意，也反映了它的师承关系及其独特性。后来，也有人直呼其为"其和架""其和式""王其和式""王式"。

　　河北省王其和太极拳协会最初将王其和所传太极拳定名为"王其

和式太极拳"，在申报国家级非遗过程中，被文旅部定名为"王其和太极拳"。在海淀区级非遗项目申报中，专家将王景芳一脉所传的王其和太极拳定名为"太极拳（王其和式）"，表示王其和太极拳只是太极拳的一个流派和分支。这一支王其和太极拳在申报北京市级非物质文化遗产代表性项目过程中，文旅局和专家初定名为"太极拳（王其和原传）"，但为了与国家级非遗称谓保持一致，最后定名为"王其和太极拳"。

◎ 北京市级非物质文化遗产代表性项目王其和太极拳 ◎

第三节

王其和太极拳在北京的发展

王其和学拳、定架的经历及其太极拳理论体系的形成与北京有着密不可分的关系。

第一，王其和太极拳的定型在北京。王其和太极拳的形成是王其和在杨家父子的指导下将原来的武式太极拳（硬架）按杨式太极拳的要求向松柔、轻灵和开展处做了变动，又从孙禄堂处借鉴了形意拳（直取快攻）和八卦掌（避正打斜）的身法，并把这些身法、劲法融入其太极拳拳架之中，逐步形成了他以杨、武式太极拳为基础，兼具形意、八卦身法、步法的新型太极拳架和劲法风格。

第二，王其和在北京时已有一定的影响力。在北京期间，由于王其和已内外功兼备，在杨少侯、杨澄甫先生的引荐下，王其和与北京武术界广泛切磋、交流，很快融入北京武术界，而他的太极技艺也得到了北京武术界的认可。尤其在与北京会友镖局几位镖师切磋，连胜几位镖师之后，被会友镖局总镖头卢玉璞聘为镖师，负责京、津至冀中南一带的镖业，常往返于北京、天津和冀南一带，这也极大增加了他在京津冀的影响力。1917年底，会友镖局弄丢了北洋政府镖银，就是由王其和出面追回的。1918年春，北洋政府还专程为其家悬挂了"太极"匾额表示感谢。

第三，王其和太极拳的理论体系也是在北京形成的。直到1929年初，王其和还常在北京活动。现存王其和太极拳的拳谱便是王其和在北京期间完成，并于1929年春带回河北原籍的。

第四，王其和太极拳的传播、推广最初也是在北京。自1914年至1928年，王其和在京期间培养了很多弟子，其中就有在北京大学学习法文的革命先烈曹绶华等人。

可以说，王其和太极拳本身就是在北京定架而成的，其技术风格的

◎ 北洋政府为王其和太极悬挂的"太极"匾额（王志恩复制，原匾额在
1963年洪水中被冲走）◎

形成也是在北京，此后才逐步在京、津、冀等地普及、推广开来。后来
由于时局变化，他不得已返回原籍，直至最后终老于乡野。但他毕竟身
怀绝技，已盛名在外。直到20世纪70年代，北京、天津、保定等地还仍
有人不断到其家乡寻访、体验其所传太极的独特之处。

2021年北京市文化和自然遗产日宣传展示活动

北京非遗 致敬百年

北京大学

太极拳（王其和式）

王其和太极拳发展的四个阶段

一、第一阶段：清末民初的传承与传播

　　王其和太极拳第一阶段的传承与传播是清末民初，这一时期，王其和在京、津、冀、晋等地传承与传播太极拳，并产生了一定的影响力。

◎ 王其和画像 ◎

　　在北京期间，王其和太极拳已产生了一定的影响力，并逐步在京、津、冀等地普及、推广开来。王其和在与北京武术界广泛切磋、交流后，得到北京武术界的认可，被会友镖局聘为镖师，借此快速融入了北京武术界。由于王其和祖辈是在滏阳河一带搞水运为生，他受聘于会友镖局之后，又兼从镖业，故常往来于京、津、冀南，以及山东、山西等地，这也为其传播、推广太极拳创造了重要条件。天津是一个武风浓厚之地，武林名师、高手辈出，江湖游侠、镖师常聚于此。王其和从事船运工作也常在天津歇脚。因此，王其和在天津留下了许多传奇故事。

　　冯玉祥旧部国民军副司令兼第二军军长胡景翼（1892—1925）自幼酷爱习武，在邢台驻防期间，经过与王其和的师弟李宝玉（字香远，1889—1961）切磋交流，认识到太极拳的实战能力。在李宝玉的引荐下，王其和被胡景翼聘为部队武术教官，同时负责教胡景翼武功。胡景翼换防到开封后，李大钊曾经两次受邀来到开封。由于李大钊与胡景翼仿照黄埔军校设立了国民二军"北方联合军校"，王其和的武艺在军校

◎ 北京会友镖局 ◎

也必然能够发挥更大作用。可惜的是，1925年4月因胡景翼突然去世，一切都戛然而止。

此外，王其和曾在山西的昔阳，河北邢台的北川和浆水，山东德州等地有众多徒弟，留下了很多的传奇故事，享有盛名和一定影响力。

二、第二阶段：1932年以后至改革开放前的传承与传播

第二个阶段是从1932年到改革开放前，第二代传人

◎ 国民军副司令兼第二军军长 胡景翼 ◎

在邢台、天津、太原、北京等地传播太极拳。第二代代表性传承人主要有王景芳（1913—1982）、曹绥华（1895—1941）、刘孟起、刘仁海（1904—1982）、张金榜（1912—1991）、吴振奎（1911—1998）等。

在第二代传人中，影响最广、传播贡献最大的当数刘仁海先生。刘仁海19虚岁那年因腰受湿寒，无法治愈，始随王其和学习太极拳治病，不久豁然而愈，从此便与太极拳结缘。刘仁海为人谦和、温文尔雅、虚怀若谷，拳技精湛、拳理妙通。尽管身怀绝技却从不轻易与人斗，即使婉拒不就，也是留有余地，点到为止、制人而不伤人，使来者心悦诚服。

王其和太极拳第二代传人中，最能忠实继承王其和拳艺和表达太极拳精神的，当数王其和之子王景芳先生。王景芳，字兰亭，生于太极世家，他幼年时就跟在大人后面"摸鱼"（模仿练习），5岁时已站在凳子上开始学推手，8岁时其父就从踢腿、下腰等基本功方面对其进行严格训练。在耳濡目染与其父的严格要求下，尚未成年他就已对太极拳技击心领神会。他与杨班侯、杨少侯一样都是英雄出少年，十五六岁时太极技艺已成。王景芳身手矫健，手法轻柔、空灵，发劲则冷冽干脆，尤其善长散手，并深谙审敌之法。他一生只崇拜杨班侯一人，信奉杨班侯"交手之间见真功"的评价标准，其劲法、性格也酷似杨班侯，专喜拜访各派名家高手，定见输赢。由于王景芳出生于武术之家，深受侠义精神和镖局文化尚武、正义、正直、扶弱、助人等精神的影响，他性情豪爽、真诚坦荡、侠肝义胆，不仅协助第一二九师东进、为地下党长期提供掩护所，还曾参与过当地国共谈判、保护过两位中共县长。即使他的右腿被日寇用枪打残致

◎ 刘仁海先生 ◎

僵，仍具"前蹿一丈，后退八尺"之步法，也曾多次赤手空拳搏击持械之众数十人，甚至因此惹来杀身之祸，但仍矢志不移。王其和太极拳内部留下的众多传奇故事也多出自王景芳。可以说，王景芳在继承、传播王其和太极拳技击方面做出了重大贡献，是王其和太极拳技术传承中最关键的人物，其传奇的人生经历，更是鲜有人能比。

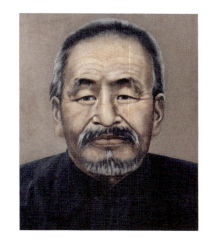

◎ 王景芳先生 ◎

最初阶段，刘仁海与王景芳两人共同教学。早期的很多弟子也出自两人的共同教授，如檀凤林。刘仁海先生表达能力强，教学上注重循循善诱与循序渐进；而王景芳功夫深、技击能力强，但腿受了伤。所以，刘仁海负责教拳架，王景芳则负责教推手、散手应用，两人一内一外，一表一里，相互配合，相得益彰，使王其和太极拳迅速传播开来。以至于后来有"学拳架到西街（刘仁海居住地），学打人到东街（王景芳居住地）"的说法。后来，随着社会结构的变化，以及工作变动等原因，两人开始分开教学，刘仁海在教拳架的同时也教太极推手；王景芳在教推手、散打的基础上也兼授拳架。

随着冷兵器时代的结束，原来那种出生入死的社会环境日益减少，实战性的武功逐渐退出历史舞台，中国武术功能逐渐变质，精深武艺逐步向现代体育锻炼、表演转变。新中国成立后，我国对武术功能的定义更侧重于大众健身。当时太极拳便在大力提倡、发展之列，这也间接促进了王其和太极拳的发展与传播。刘仁海受益于太极拳，他认识到健身才是大众的主流需求，所以他在教学中更加突出太极拳的健身性和社交属性。

由于王其和所传的太极拳属于"小架""用架"，是王其和在多年习武打下扎实基础，身体素质达到相当程度之后，又吸收杨、武两家之

◎ 王景芳（右）与刘仁海（左）二位先生 ◎

长，以腰髋带动全身螺旋的新型拳式，技术难度大、身体素质要求高，
而且其练习强度大，根本无法适应普通人以健身为目的的需求。20世纪
六七十年代，为了使大众更容易接受，在教学实践中，刘仁海与时俱
进，提出"流派流派，不流则败"与"拳架拳架，要变要化"，在保留
核心和精髓的基础上，对原来的拳架进行改革，将原本复杂的、难练的
架势进行改编，向大众化健身方向发展，并将当时国家推广的简化太极

拳部分招式融入其中。经刘仁海修订、润色后的王其和太极拳架，动作数量增加、难度降低、普适性更强，融健身性、观赏性、技击性、艺术性为一体，极大地促进了王其和太极拳的传播速度。刘仁海表达能力强并注重循序渐进的教学方法，使他深受学生们爱戴，甚至还被弟子们赋予"武林孔子"的尊称。刘仁海一生授徒众多、影响极大，当今活跃在公众视野中的王其和太极拳传人，几乎全出自刘仁海门下。后来成立的"王其和太极拳协会"，主要人员也都是刘仁海的弟子。甚至，在2000年前后，曾一度出现过"刘仁海架""刘仁海式太极拳"的提法。可以说，刘仁海为王其和太极拳的传承、发展做出了卓绝的贡献。

王景芳则忠实地继承了其父所传拳架、拳法、劲法之原貌，他以精湛的太极技击功夫诠释了太极拳之理法。如王其和太极拳协会第一届会长刘舜曾先生所言："以王其和先生之子王景芳为代表，其拳姿和风格较好地保留了王其和式太极拳的原貌。"由于王其和太极拳的拳架中正之中又寓有拗势，学练难度较大，需要具备相当的身体素质作为支撑才能完成，有一定的技术门槛。但王景芳与他崇敬的对象杨班侯一样，性格刚强固执。他认为祖宗的东西是不能改的，"六十四

◎ 王景芳拳照 ◎

势是老人（王其和）传下来的，老人怎么教，我就怎么教，一势不改，一势不添，一势不去"，忽略了大多数人练习太极拳只是为了强身健体，拥有追逐武功顶峰热情并真正愿意付诸实际行动的只是极少数人。更为重要的是，王景芳出于传承需要，对学习者的身体素质、目的、意志力都有挑选和要求，身体素质较弱、以健身为目的者，往往不被选择。而且，王景芳所传拳架非常细腻，精细度较高，需要逐个骨节捏正，传授起来殊为不易，如同阳春白雪，不可能普及大众，只适合在师徒间传承。同时，王景芳还强调太极的武艺功能，特别注重化劲、发劲训练，常将人如"墙上挂画"般发至一两米高或将人腾空发出丈外，让看到的人胆战心惊。以至于当地多年来一直流传着"学太极拳，想锻炼身体找刘仁海；想学打人（应用）找王景芳"的说法。因此，尽管很多人知道他身怀绝技，但都怕挨打，很少人敢于亲身尝试和学习这种技术。也正是这些原因，很大程度上限制了其传播的数量和范围，使其成为王其和太极拳这个流派中的小众。所以，经过王景芳指点过的人虽有很多，但其真正的弟子并不多，主要有王志恩、张占祥、尼仁江、王俊堂、刘英豪、刘占其等。

由此，王其和太极拳内部拳架也分化为两种：一是经刘仁海修定后的八十四势；二是王景芳所传的六十四势。两者虽同出一源，却已形成两种完全不同的风格，各有特点。这是技艺传承过程中，传承人选择、理解、目的不同导致的必然差异，也是流派之所以形成的原因。

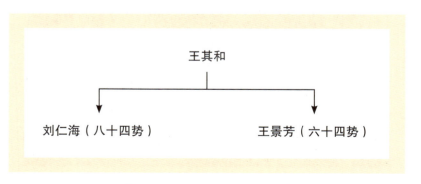

◎ 王其和太极拳的内部分支 ◎

三、第三阶段：改革开放开始后至21世纪前的传承与传播

第三个阶段是改革开放开始后，第三代传人的学习和传播。在第三代传人中，刘仁海一脉的传人最多，影响面较大的有：刘舜曾、李剑芳、檀杏敏等；王景芳一脉影响面较大的有其子王志恩，以及檀凤林、张占祥等。

张占祥（1943年农历八月十日—2009年农历三月六日），自1961年始，师从王景芳20余年。张占祥自幼练习红拳，因质疑太极拳实战能力，与王景芳连续比试3次后，折服于太极拳，遂从王景芳学习太极拳。张占祥忠实继承了王景芳的拳技，是王其和太极拳内部公认的王景芳得艺弟子，也是王景芳"教拳生涯中少有的有成就者"（王志恩语）。他功力精纯，内外功夫兼备，踢腿可以轻松搭在肩膀上，身法极其敏捷，步法如同灵猫扑鼠，其发劲轻灵绵软，令人猝不及防。

◎ 张占祥先生 ◎

王志恩（1941—），王景芳之子。20世纪60年代初大专毕业，曾做过4年教师，后历任邢台矿务局干事、科长、工程处党委书记、局纪委副书记、监察处处长。王志恩长于太极世家，自幼就曾在父亲的指导下练习太极拳，也亲眼见证了其父功夫，耳濡目染之下，对太极拳本质有着清晰的认识。但遗憾的是，20世

◎ 王志恩先生 ◎

纪50年代的社会环境，使其父认为武术没有发展前途，让其弃武从文，而学习的繁重和工作后的繁忙，使其无暇习练拳术。2000年初，王志恩退居二线后，立刻着手家传太极拳的挖掘、整理工作。由于大多数弟子只是热衷于太极拳技法，轻视理论的学习，对流传的口诀、故事也只是口头传承，缺乏有效的文字记载，这就导致理论和口述史的精确性受到影响。自2000年始，王志恩手拿记录本，身背摄像机，四处奔走，对王其和太极拳的历史、事件、拳架、功法、动作用法进行了挖掘、考证、整理，对王其和直接的传人、其父所有在世弟子进行访谈、考证、录像，使其祖父、父亲一脉所传的拳架、拳理清晰呈现出来。对王其和太极拳的历史、故事也尽可能地记载并编辑成册，为以后王其和太极拳的深入研究留下了一大批难能可贵的宝贵文献、影像资料。他还对近几十年来关于其祖父、父亲的一些谣传、误传，用事实进行了澄清和纠正。其间，他还对杨兆林的传拳地、传人、死亡地点进行走访与核实，对杨兆林所传太极拳进行录像，著有《王其和先生传拳谱》《嫡传王其和太极拳六十四式》《访谈实录与正本清源合集》三书，发表相关文章7篇。

在20世纪50年代至70年代这段时间，由于人们在生产队劳动，人们生活比较规律，反而能够很好地学习太极拳。王景芳的弟子张占祥就因为在生产队，才有较多的时间跟随王景芳学习，生产队解散后反而没有时间和精力来学习。由于当时河北任县是天津知青下乡的指定单位，第三代传人中也有天津弟子，如知青江卫金当时就曾随王景芳学习太极拳。

1978年改革开放开始后，经济体制向社会主义市场经济体制转型，整个社会结构重组。随着时代的变迁，原来的技艺失去了用武之地，已无法靠此安身立命。很多学习者本就是利用业余时间学习，后来他们或外出打工，或工作，或忙于生意，渐渐放弃了练习。习练人数寥寥无几，几乎处于无人可传的尴尬境地。

四、第四阶段：21世纪以来的传承与传播

第四阶段是进入21世纪以后，第三代、第四代传人的传承和传播。

2000年，由刘仁海门下弟子成立了群众性组织王其和式太极拳研究会，刘舜曾（1938—2016）任会长。2013年12月，在檀杏敏接任会长后，正式成立河北省王其和太极拳协会，逐渐步入正轨，在檀杏敏的领导下王其和太极拳进入快速发展期。由于王其和太极拳符合非遗项目"传统武术、游艺和杂技类"的"百年以上（或三代）、传承有序、风格独特、自成体系"的4个要求，2014年，王其和太极拳被列入河北省级非物质文化遗产代表性项目名录；2014年12月，王其和太极拳被列入国家级非物质文化遗产扩展名录；2020年，王其和太极拳成为世界级非物质文化遗产7个子项目之一。申遗成功后，在李剑芳先生与檀杏敏会长的领导下，王其和太极拳得到了迅猛发展与传播，在全国各地创办分会，并广为海内外武术界、文化界所熟知。为了更好普及推广王其和太极拳，李剑芳先生对刘仁海所传的拳架进一步完善，还创编了二十四式简化套路、十三式简化套路、三十八式快拳等，丰富了王其和太极拳的内容与表现形式。可以说，李剑芳先生与檀杏敏会长为王其和太极拳的发展做出了卓绝的贡献。

　　王景芳一脉也已于2018年12月被列为北京市海淀区级非物质文化遗产代表性项目，名称为"太极拳（王其和式）"；2021年正式被列入北

◎ 国家级非物质文化遗产代表性项目太极拳（王其和太极拳）牌匾 ◎

京市级非物质文化遗产代表性项目名录，根据专家意见定名为"太极拳（王其和太极拳）"。

尽管列入各级非物质文化遗产名录使得王其和太极拳的传播、传承活动更为体系化，但出于种种原因，王景芳一脉的传承情况仍不乐观。北京大学是北京地区王景芳所传一支的唯一传承支脉，该支脉与曹绥华属于同一脉系。主要传人杜军明（1977—）是北京大学体育教研部教师、北京体育大学硕士、北京大学哲学系中国哲学博士、北京中医骨伤研究会创始人之一。杜军明原籍河北任县，从小跟随本族爷爷杜庆云、杜德兴和姜信彰等学习梅花拳，1989年开始学习王其和太极拳，后接受现代武术训练。2001年重新随张占祥学习太极拳，2002年秋正式递帖拜张占祥为师，亦师从王志恩。他还把太极拳创造性融入散打之中，其弟子在河北省散打比赛、武术比赛中多次获得冠、亚军。近十几年来，为了更全面、系统地继承太极拳技艺，挖掘、整理王其和、王景芳一脉的太极拳劲法艺术，在王志恩的帮助下，杜军明曾对王景芳亲传弟子进行逐个拜访、学习，并对王其和太极拳的理论、渊源、技术等进行专门研究。近年来，杜军明一直积极探索太极拳传承、训练、发展的新模式。目前，杜军明主要从事太极拳教学、科研工作，自2020年在北京大学开设"非遗太极拳（王其和式）"课程，是北京大学王其和太极拳社的指导教师。主要弟子有刘卢琛、魏域波、岳莉、唐佳奕、曹羽、费圆等。

◎ 杜军明老师 ◎

王其和太极拳在北京大学的传承与传播

一、王其和太极拳在北京大学的传承

王其和太极拳在北京大学的传承、传播始于1914年。1913年，王其和弟子河北省隆尧县东庄头村人曹绥华（1895—1941）到北京学习法文，因患肺结核病休学。当时肺结核病没有特效药，很多人把太极拳作为肺结核辅助疗法。由于王其和的亲姐姐嫁到了东庄头村曹家，经王其和姐姐介绍，曹绥华拜王其和为师学习太极拳，从而将其作为肺结核的辅助疗法。曹绥华成为王其和最早的弟子之一。后来，王其和的弟子刘孟起从德州镖局回来后到曹绥华家担任保镖，后落户于东庄头村。

1916年，李大钊先生从日本回国到北京大学任教，曹绥华也因病情好转返回北京并与李大钊先生相识。李大钊是一个极具燕赵侠义之风的

◎ 曹绥华之孙曹顺平赠送曹绥华青年时期在北京大学的照片 ◎

北京大学求学期间的曹绠华与革命先驱李大钊友谊

1919年4月《北京大学日刊》转载：北京大学将中国固有武术作为课外运动项目

◎ 曹绠华与李大钊的革命友谊 ◎

文人，非常热爱武术，他曾把自己的宿舍学斋命名为"筑声剑影楼"。
"筑声"出自战国时燕国义士高渐离在易水河畔为将要行刺秦王的荆轲
饯行，用击筑发出悲壮声乐的典故。共同的爱好让曹绠华与李大钊一见
如故。还有一层关系是曹绠华的亲戚筱舫（原名"尼鼎云"，河北任县
尼家庄人，尼家庄位于环水村东南2.5公里处）与李大钊是天津法政学
堂同届好友。1913年，筱舫到北京陆军总部任职，同年7月，沙俄派兵
侵占我国领土科布多，筱舫受命押送一批军火到科布多前线。李大钊担
心其安全，曾写诗赠之，即《筱舫、寿山将往阿尔泰，诗以赠之》：
"一声笳咽一腔泪，万里城环万仞山。最是多情今夜月，共君犹自出边
关。"后来，李大钊感到书不尽意，又作一首《前意未尽更赋一律》：
"策马玉门关，不为儿女颜。悲歌辞易水，壮士出天山。白草千层雪，
黄河九曲湾。遥知断肠处，应有雁飞还。"这充分说明，李大钊与筱舫
的关系非常密切，而曹绠华也因这层关系，与李大钊变得更为亲密。
《故乡纪事》记载"两人（指曹绠华和李大钊）不断在一起"。据传，
曹绠华不仅在大学教过法文，还担任过李大钊的助理，两人还曾一起学
习过太极拳。曹绠华也因李大钊的影响接触了马克思主义，并由李大钊

作为入党介绍人正式加入党组织，成为党组织的早期成员之一。曹绶华还积极响应李大钊的号召到河北大地传播马克思主义、建立党组织，较早建立了农村党支部，曾任东庄头村的第一任中共党支部书记，并发展了一大批中共党员。曹绶华的妻子尼莲芳（筱舫之妹）也是共产党员。只是曹绶华因患肺结核病，其政治活动范围受到很大限制。

1927年，李大钊牺牲后，曹绶华也以回乡养病为由，回到河北隆平、尧山（后合并为"隆尧"）、任县一带继续从事地下革命工作，继续传播革命的火种。1934年初，曹绶华妻子尼莲芳以去河南做生意为名，将年仅14岁的三女曹清江（后改名为"曹静"，1920.12—1999.7）送到河南确山县参加革命。后来，曹清江根据组织安排到延安和平医院工作，新中国成立后享受师级待遇，她的丈夫就是李耀中将。1937年，曹绶华曾接待陈再道、孙继先、胥光义等在曹家大院居住。陈再道上将在巨鹿期间也曾学习过今日称为"王其和太极拳"的太极拳。

1938年7月，由邓小平同志领导的八路军一二九师奉命东进，曹绶华根据地下党指示出面接应。由于当时正值雨季，当地又处于九河下梢，周围几十里都是芦苇荡，沟汊纵横，河流湍急，为了防止日军阻挠和保护邓小平同志的安全，曹绶华联系了熟悉当地水域又水性极好的师弟王景芳。曹绶华与王景芳一起协助部队渡河，八路军住进村庄后，王景芳又为部队、首长安排食宿，在曹绶华的引荐下，王景芳也与邓小平同志相识。第二天早晨，王景芳背了一大包袱烧饼送到邓小平同志的住处，后又引领部队绕过日军驻地向南宫进发。1942年，王景芳营救和保护了两位中共县长。

1938年后，曹绶华地下党的身份暴露。由于其师王其和所在的村落四面环水，周围都是芦苇荡，河汊纵横，极为适合隐蔽。为了躲避追捕，王其和家也就成了曹绶华的重要隐蔽处。1941年，时任侵华日军华北方面军司令官冈村宁次下令对华北进行经济封锁、对药物进行严格管控。曹绶华因肺结核病加重，不得已住进了日寇在邢家湾办的医院里，日寇得知其为地下党后，以药物注射的方式将其杀害。

曹绶华一生追随党，一切都献给了党。1983年6月，曹绶华被当地

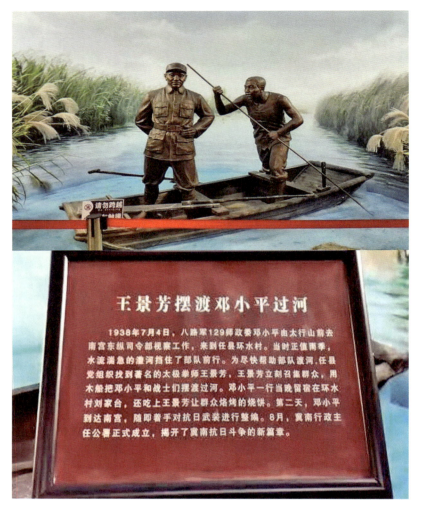

◎ 王景芳摆渡邓小平过河（照片来源：冀南革命纪念馆）◎

政府追认为烈士。虽然李大钊、曹缓华二人先后牺牲于革命事业，但王其和太极拳与革命精神的火种却始终在北京大学薪火相传。

二、王其和太极拳在北京大学的传播

北京大学作为新文化运动的发源地，十分重视体育精神的弘扬与"尚武精神"的传播。

民国期间，国民体质较差，身体羸弱，常被西方列强嘲笑为"东亚病夫"。很多有识之士呼吁民众锻炼身体，而"体育救国"也成为当时一种"强国保种"的救国思潮。梁启超、孙中山都曾提出"尚武精神"。1915年10月，陈独秀发表《今日之教育方针》一文，其中主张兽性主义，重视"意志之顽狠，兽斗不屈；体魄强健，力抗自然；信赖本能，不以他为活，不饰自文"等方面的培养。他警告道："吾国曾受教育之青年，手无缚鸡之力，心无一夫之雄。白面纤腰，妩媚若处子；畏寒怯热，柔弱若病夫。以如此心身薄弱之国民，将何以任重而致远乎？"北京大学杨昌济先生也在《新青年》第二卷第四号发表《治生篇》阐述体育强身之重要性。1917年，经杨昌济推荐，毛泽东在《新青年》发表《体育之研究》，提倡强身健体，多运动。

1917年，蔡元培主持北京大学校务后，提出了"完全人格，首在体育"的教育思想，体育被排在"德育、知育、美育"的前面。蔡元培在南开学校欢迎会上讲德、智、体三育重要，尤强调："有健全之身体，始有健全之精神，若身体柔弱，则思想精神何由发达？"蔡元培先生在《教育之对待的发展》一文中说："体育最要之事为运动，凡吾人身体与精神，均含一种潜势力，随外围之环境而发达，故欲发达至何地位，既能至何地位。"1917年12月8日，北京大学体育会开会通过《体育会章程》，杨昌济当选北京大学体育会会长。同年，北京大学技击会成立，并聘请太极拳师教习。蔡元培还曾为杨澄甫的著作《太极拳体用全书》题词："可以御侮，可以卫生，愿以此有百利而无一害之国粹，为四百兆同胞之典型。"

在当时火热的习武强国氛围之下，北京大学很多学生、教师也都学习过太极拳。后来，太极拳一直作为北京大学体育课程或武术内容之一而存在，并一直有相关的课外活动小组、学生兴趣小组，流行于广大北大师生当中。

自1993年，太极拳被列入北大必修课程，成为北大学生了解中国传统体育项目和文化的窗口，并一直延续至今，已有30年之久。2018年12月，由北京大学作为申报单位，王其和太极拳被正式列入北京市海淀区级非物质文化遗产代表性项目名录。2021年，王其和太极拳成为北京市

王其和太极拳

◎ 北京大学技击会 ◎

级非物质文化遗产代表性项目。非遗申请成功后，北京大学领导高度重视，将王其和太极拳正式纳入北京大学太极拳课程教改内容，为全面普及进行试点，并组织了"暑期专修班""国际暑期学校""因太极、更北大"等一系列传承活动，同时成立了"太极拳（王其和式）社""太极拳工作室"。随着保护力度的加大，必将会进一步促进该项目在北京大学乃至北京传承工作的开展。

（一）太极拳课程

太极拳是北京大学的必修课之一，王其和太极拳于2019年1月正式纳入课程体系，并进行两个学期的教学改革实验，此后向全校推广。2019年7月，举办"太极拳（王其和式）暑期太极拳专修班"；2019年7—9月，开展"因太极、更北大"传承活动；2019年7月，向"国际暑期学校太极拳班"讲授王其和太极拳；2021年3—6月，开设4个太极拳班作为教学试点，讲授王其和太极拳；2021年9—12月，开设"非遗太极拳"课程，讲授王其和太极拳。

◎ 王其和太极拳课程 ◎

（二）王其和太极拳传承社

2021年5月，参加央视纪录片《传承的力量·重阳节篇》北京大学站拍摄，刘卢琛与岳莉展示王其和太极拳拳架和推手。

◎ 央视纪录片《传承的力量·重阳节篇》拍摄现场 ◎

2021年6月，太极拳（王其和式）社代表北京大学参加由北京市文化和旅游局举办的"2021年北京市文化和自然遗产日宣传展示活动——北京非遗，致敬百年"。在《李大钊与太极拳》情景剧中，撷取李大钊与曹绂华的故事进行艺术创作，通过舞台艺术重温那段革命的峥嵘岁月，致敬李大钊先生与曹绂华先生风华正茂的昂扬精神。

◎ 北京市文化和自然遗产日宣传展示活动——北京非遗，致敬百年 ◎

2021年6月，太极拳（王其和式）社应隆尧县政府之邀，赴王其和太极拳发源地河北邢台开展红色教育活动，学习和发扬王其和太极拳门人在民族危难之际不畏敌寇、甘于奉献的革命精神。在革命先烈、王其和先生嫡传弟子曹绥华先生故居，了解了曹绥华作为早期党组织成员从事地下工作，协助冀南抗日根据地建设，最终为革命事业献身的光荣历史。在冀南革命纪念馆回顾了"王景芳摆渡邓小平过河"的事迹：1938年日军逼近冀南，王其和之子王景芳组织门人接应一二九师夜渡澧河，引领部队绕过日军驻地，保护了邓小平同志的安全。

◎ 参观八路军一二九师挺进支队驻地旧址 ◎

◎ 北京大学太极拳（王其和式）社参观冀南革命纪念馆 ◎

2021年7月，建党百年之际，由北京大学体育教研部与中共隆尧县委联合举办、太极拳（王其和式）社承办"庆祝建党一百周年，传承北大红色太极"研讨会。会议邀请了北京大学、曹绶华家乡（河北省隆尧县）的相关领导，李大钊后人、王其和后人、曹绶华后人，以及武术界知名专家、学者，对太极拳的拳理、医理、易理与面临的困境、机遇与挑战，以及思政、教学等相关问题进行研讨。"太极拳（王其和式）传承工作室"做了关于王其和太极拳的研究进展和现状的专题报告。在李大钊先生曾经工作、学习、战斗过的北京大学举行该研讨会，既是对先人的缅怀，也是对后人的激励；是对北大红色血脉的续写，也是给中国共产党百年华诞的诚挚献礼。

◎ "庆祝建党一百周年，传承北大红色太极"研讨会 ◎

2022年4月，时值李大钊同志英勇就义95周年之际，由北京市文化和旅游局非物质文化遗产处发起，太极拳（王其和式）社组织同学们举行"李大钊同志就义95周年祭扫纪念活动"。在活动中，同学们向李大钊先生像鞠躬、献花，朗诵名篇《青春》，献上相关书画作品，并习练王其和太极拳。

◎ 李大钊同志就义95周年祭扫纪念活动 ◎

三、王其和太极拳在北京大学传承与传播的意义

近年来，文化遗产保护观念日益深入人心，以非遗为载体的优秀传统文化传播与教育，得到快速的发展，受到社会广泛认可。高校也成为非遗保护和传承的重要阵地。

北京大学是新文化运动中心和五四运动的策源地。鉴于王其和太极拳与北京大学曹绥华、李大钊、蔡元培以及邓小平的这段红色历史，北京大学作为保护单位高度重视该项目，要把这段与北大有关的红色基因延续下去、传承下来。一方面，为与北京大学有关的这段太极拳红色基因今后的传承、发展、保护留下一个有价值的范本；另一方面，也是为积极落实"非遗进校园"，将其作为新时代学校体育工作的重要抓手，有效推动中华优秀传统文化在大学生中的传承与弘扬。

太极拳是北京大学文化氛围形成非常重要的影响因素。王其和太极拳将晦涩、抽象、高深的中国哲学思想以直观、清晰、具体的动作表达出来，是中国哲学在肢体运用上的具体表现。在被西方文化长期影响的当代高校，以太极拳为载体传播中国文化，无论是对提升民族文化认同，自觉抵制文化侵略，还是对拓宽大学生的精神空间、开展高校文化建设都具有积极意义。

在北京大学开设非物质文化遗产理论与实践类通识课程意义重大。它可以使大学生群体较为系统地了解非遗、直观地接触非遗，认识非物质文化遗产的历时性、共时性和当代价值，并可结合自身兴趣萌生共鸣。课程传递了非遗的内在价值，激发了学生的文化自觉意识，使学生在了解和传承中华优秀传统文化的同时，增强文化认同、文化自信与文化归属感、家国情怀意识，培养学生健康的体魄和健全的人格。王其和太极拳还可以增强学生协调、平衡、柔韧、小肌群控制与核心力量等身体素质，提升其觉察、感知和控制身体的能力，并与日常生活建立联系，有助于学生脊柱、骨盆等部位相关问题的改善，具有降低日常运动损伤的作用，并促使终身体育观的形成，培养非遗传承、发展的兴趣人群和潜在从业人群。

北京大学对太极拳的传承非常重要。新中国成立前，太极拳就已作为北京大学的课程内容之一而存在，成为全体男生的必修课至今已有30年之久。北京大学是"国际大学生体育联合会"在亚洲第一所铂金认证的高校、世界大体联倡导的"健康校园，体育先行"亚洲唯一高校代表，作为王其和太极拳的保护单位，具有得天独厚的优势。北京大学拥有良好的场馆设施和精通教学、训练的专业师资队伍，为太极拳的教学与研究提供了良好的设备和条件，而北京大学深厚的人文底蕴、一流的人文学科和专家学者队伍，为太极拳中优秀传统文化的发掘、研究和传承提供了强有力的人文支撑。王其和太极拳在北大的传播、传承，既有利于以太极拳为代表的中华优秀传统文化在当代的传承发展，又为文化创新、文明发展提供了源源不竭的内在动力。

总之，非物质文化遗产凝结、保留和传递着一个民族的历史记忆和智慧，不仅是文化认同、文化自信的基础，也是一个民族得以延续，并满怀自信走向未来的根基和智慧与力量之源泉。非遗太极拳在北京大学的开展，将为太极拳在北京、全国，乃至全球的传播创造良好条件，也必将为其他非遗项目在北京高校，乃至全国的开展起到引领、示范作用。

王其和太极拳的风格特征

第 ③ 章

王其和太极拳作为太极拳的一个分支与流派，除了具备一般太极拳的共性规律外，也有很多自己的独特之处。

王其和太极拳的整体特征

一、动若磨转

王其和太极拳有"后脚定方向，前脚定距离"之说，即任何动步、变步，都是以重心脚的足跟为转动的轴心（如同圆规的支点），脚掌前端微翘，以足掌尖旋转的位置与方向，确定各种出拳、出掌、变步的方向，即后脚的脚尖、前脚的脚尖、出手的方向为同一方向（个别动作除外）。后脚足掌可以旋转至任何角度或方向，若旋转一次还未到位，可以再旋转一次，甚至可以旋转三次取得其方向。整个旋转过程中，原来的辅助支撑腿，随着实腿的旋转，脚跟微起，脚前掌贴地，以膝关节为轴心，旋膝旋踝转动。这个过程中，虚腿的出步方向是由实脚的方向决定，而两腿的前后距离、左右间距，则是由虚脚决定。

王其和太极拳每个动作都要求借助脚底板的碾转作为动力和转轴，脚底的磨转与腰的磨转、肩的磨转、手的磨转，相互套叠旋转而出，形成以"脚底带腰胯，腰胯带全身，上下分两层，腰胯指挥手"的运动模式。在这个过程中，脚底的磨转会形成一个螺旋拧劲，向上盘旋而出，而上盘的转动力又随腰胯的松沉返回到脚底，又进一步促进了脚底的磨转，形成上以百会穴（顶心）为旋转中心，下以脚底的脚心为磨转中心，中则以腰胯、会阴穴为中心的联动旋转，并以圆形之劲，顺腰胯旋拧而上又旋拧而下，形成整体的螺旋，周身的运动，一动无有不动，一转无有不转的运动模式。

王其和太极拳以实脚的转动确定出掌、出拳、出步方向的方式，既

◎ 动若磨转 ◎

不同于杨、武两家太极拳后腿脚尖与前腿脚尖在35°～45°方向的"丁八步"，也不同于吴式、孙式、赵堡和陈式等太极拳的步法要求，体现了王其和一脉太极拳的个性化特征和独特风格。

二、步如蹚泥

练习王其和太极拳到一定程度之后，要求走"蹚泥步"，即前后移动时，重心不动，非负重脚的脚底擦地而行，待脚底放平落稳后，再将重心转移过去，后脚脚底平贴地面随之向前脚靠拢，完成重心的整体移动。而且，在走蹚泥步的过程中，无论前进后退，脚底均须放平，要求

王其和太极拳

◎ 步如蹚泥 ◎

脚掌平贴地面，擦地而行。上步、退步时，抬脚的高度与支撑腿的脚踝位置相当，不宜过高。同样，在虚步定势时，无论虚脚是在前，还是在后，其脚跟离地间隙亦不超过支撑腿的脚踝高度。

王其和太极拳走"蹚泥步"的出步方式，既与时下流行太极拳故意做出"迈步如猫行"的高抬脚不同，也不同于各家太极拳的出步方式，体现了王其和一脉太极拳的个性化特点和独特风格。

王其和太极拳的这种出步方式，是从实战技击角度考虑的，它继承了传统太极拳的实战步法，可以最大程度保持重心移动的稳固、最大限度地减少动能损耗。

三、腰如虎坐

　　"坐腰"是王其和所传太极拳中最为关键、最为重要的一步。"腰如虎坐"中的"坐"字最为关键。王其和太极拳要求"坐着打（练）拳"，大腿根部往回收，通过松腰、落胯与腰胯折叠，把胯"坐下去"，如同"坐在板凳上一样"。之所以称为"腰如虎坐"，是因为这一动作状态类似虎、猫、豹等猫科动物起跳发力前，后腿支撑下坐，脊柱竖起呈后弓状，形成展身前扑之势的状态。这时，全身处于一个收束蓄力的警戒状态，头部成为统领上下的总关要，发力时头一领，脊柱便可一纵而起，弹射而出。

　　王其和太极拳的"坐腰"主要有3种作用：一是"坐腰"与含胸结合可以起到虚心实腹、引气归元和存养丹田的作用；二是蓄力、发力的关键，"坐腰"是用下坐之力，将整个脊椎向后、向下拉，使向前塌的腰弓竖起，形成以腰为弓把的身弓，将全身的筋膜拉起，也就有了向前、向上射的弹性之力；三是可使上下的劲力贯通，形成整体劲。"坐腰"时会引起丹田向前、向上的翻滚，能够将上身重力引到地面，起到

◎ 腰如虎坐 ◎

吞化对方之力、引进落空和蓄力的作用；当起身时，丹田向下、向后的翻滚，可以从脚底取得反作用力，进而形成底翻劲。

王其和太极拳的"腰如虎坐"具有鲜明的个性化特征，它也将王其和太极拳的束纵之力表现得淋漓尽致，形成了独特风格。

四、肩走鹰翻

"肩走鹰翻"是王其和太极拳的一大特点。鹰在空中翱翔时两个翅膀是平行的，当俯冲转弯时的瞬间，两个翅膀则呈一高一低的侧斜状。在捕食或打斗过程中，两个翅膀还可以围绕爪子悬空翻转，这样既可以避开对方的爪子，还可以绕到对方后面或侧面去。而王其和所传太极拳的肩也具有类似特点（只是动作幅度相对较小），所以称为"鹰翻肩"。

每个动作转换过程中，两肩一前一后，形成仄肩，即前肩峰略向上提，后肩峰略下沉，呈微倾斜状，如同鹰侧倾旋飞或盘旋之状，动作完成后，两肩又恢复到平肩状态。按照内部的说法，就是"实腿一侧的肩有点跌咧儿劲（下垂、下掉之义），虚腿一侧的肩有不拉点儿（略微之义）上提劲"。

王其和太极拳的"肩走鹰翻"与清代苌乃周《苌氏武技书》提出的"仄肩"，即"一肩高兮一肩低，高高低低不等齐，低昂递换多变化，七旁十势亦出奇"，有异曲同工之处。"肩走鹰翻"形成肩的正仄变化，一方面与王其和劲走螺旋的要求有关；另一方面，前高后低的变化与左右阴阳有关，如《苌氏武技书》卷二所说："出手脱肩里合肘，左右扶助如水流，击动首尾一线起，打法何须掤攀勾。"而"肩走鹰翻"的仄肩还与尾闾正中、胯的虚实转化、步法的进退有关，如《苌氏武技书》中所说："一肩高，一肩低，一胯擎，一胯落。"

但需要注意的是，在"肩走鹰翻"过程中，肩膀看似倾斜，但中心轴却是不变的，两肩的微斜是因为上提时带动同侧腰眼上升，后肩峰略下沉带动同侧腰眼下沉，两肾抽换升降、松胯转腰，肩胯斜对称相合自然形成的。

◎ 肩走鹰翻 ◎

　　王其和太极拳的"肩走鹰翻"也体现了王其和一脉太极拳的个性化特点和独特风格。王其和太极拳之所以要"肩走鹰翻"是从技击角度考虑的，它是太极拳"S"形转换和八卦掌避正打斜与形意拳直取快攻的融合。"肩走鹰翻"的过程中，既是进攻也是防守：一是通过两肩与腰的高低调换，可以增加腰部运转幅度和灵活度，前手护架接劲，后手绕开正面从侧面进击，如同鹰打斗过程中身体围绕爪子悬空翻转一样，击首动尾，一线而起；二是可以将身上的几股力量拧合在一起，进一步促进螺旋劲的形成。

王其和太极拳的风格特征

47

五、手如抽丝

王其和太极拳有"手如抽丝"的要求。之所以用"抽丝"来比喻，一是"抽丝"的"抽"是一个沿直线方向旋转、拉长的过程，而无论是南方的蚕茧缫丝，还是北方农村一手转动纺车、一手抽动棉花线缠绕到锭子上的纺棉花都不是直来直去的，而是在抽动中拉长、旋转，才能将蚕茧或棉花纺成线；二是抽丝过程也是一个合丝、合线的过程，即先要将多个蚕茧的细丝捻合成一根螺旋的粗丝，然后再将多根粗丝合并为一根细线，再将拉好的细线放在捻线机上，通过旋转和捻合的方式捻成纱线；三是抽丝过程需要注意速度和力度的控制，各部分要协调配合才能完成。

◎ 手如抽丝 ◎

王其和太极拳以螺旋劲为主，而平面的转动只能产生纯移动或转动的效果，要想形成螺旋就需要有一个与转动面垂直方向的力。而手臂的"抽"会形成沿纵向轴的移动，进而形成螺旋，如同把蚕茧的丝抽取出来一样，以实现"引进落空"。

太极拳的手如抽丝还能够将大中小三圈与立平斜三圆拧合成一股螺旋吞劲，如水漩涡的向心抽吸之力，直至脚底。因此，太极拳用"抽丝"来比喻，并非仅是因为其缓慢、均匀直拉而出之义，更是指运劲要如同来复线的螺丝形状一样旋转出入，并如合丝、合线一样，通过转动将身体的几股力量绞合在一起，形成合力。但"手如抽丝"的"抽"并非单纯是手上的动作，而是腰眼带动肩胯内侧的抽动，进而带动手臂形成的一种缠裹和绞合。同时，在腿上也存在抽丝劲，只是不如手上明显而已。

王其和太极拳的"手如抽丝"具有鲜明的特征，它是王其和将杨、武两家的抽丝劲与形意拳拧裹、八卦掌拧合融合形成的，体现了王其和所传太极拳的特点和独特风格。

六、劲走螺旋

螺旋劲是太极拳的本质，也是王其和太极拳的特征。所不同的是，王其和在继承杨、武两家太极拳胸腰折叠的基础上，借鉴了形意拳的束展和八卦掌的拧裹，进一步优化了螺旋劲的形成。

王其和太极拳所有的动作都是

◎ 劲走螺旋 ◎

围绕螺旋运动展开的，一切要领、要求的最终是为了形成螺旋劲。王其和太极拳每个动作中都含着相似的螺旋运动，上一个向心螺旋的终点是下一个离心螺旋的起点，上一个离心螺旋的终点是下一个向心螺旋的起点，阴、阳螺旋相互配合，如水的漩涡和龙卷风一样，形成顺、逆螺旋（也称为"阳螺旋"与"阴螺旋"）。

七、自然轻灵

王其和太极拳继承了杨式太极拳早期自然、古朴、轻灵的特点，特别强调顺其自然。所谓"打（练）拳如走路"，即在行功、走架中遵循

◎ 自然轻灵 ◎

非物质文化遗产丛书

Intangible Cultural Heritage Series

王其和太极拳

"咋样走路，就咋样打拳"的原则，平时如何走路，就如何练拳。

王其和太极拳"打（练）拳如走路"这句话也最能表达出这种自然特征。这句话有几层含义：一是在拳理方面，人走路的动作蕴含了所有太极拳原理，参透这一点就能彻悟整个太极之理；二是太极拳以心神清静、精神内守、恬淡虚无、志闲而少欲、神安而不乱为宗旨，行拳走架中不能太过刻意，更不能强用心力，更忌讳用一本正经、严阵以待的心态，而是要如平时走路、散步那样轻松惬意，悠然自得；三是在行气、呼吸、走劲方面，王其和太极拳的气沉丹田是身法正确后自然形成的，走劲、呼吸也要顺其自然，如同平时走路一样自如、顺其自然；四是在身体形态方面，王其和太极拳的步型是顺步，即每个动作定势时，两脚尖都是向正前方，就如同人走路时脚尖所指的方向一样，变换方向是扣摆步、磨转步，如同人走路时转身的动作。

王其和太极拳在行功、走架中还强调轻灵。王其和、王景芳在传授太极拳时都曾提到"一根羽毛落到身上也不驮""蝇虫那么小也不能到我身上"。王其和太极拳第三代传人张占祥、尼仁江、王俊堂等传授太极拳时更是反复强调："练拳架时，用力越轻越小越好，小到勉强能够维持其姿势位置即可。如果再有一只蚊子或苍蝇的重量落上去，都可能把手压得掉下来。"这种要求与《太极拳论》的"一羽不能加，蝇虫不能落"的轻灵要求是一致的。

第二节

王其和太极拳动作结构特征

在动作结构上，王其和太极拳还有一些异于其他流派的特点。

一、三点一线

　　"三点一线"是王其和太极拳重要的结构要求。王其和一脉所传太极拳，除了起势、伏虎势、下势等极个别动作，通常都要求头顶百会

◎ 三点一线 ◎

穴、会阴穴（耻骨联合处附近）与支撑腿的涌泉穴上下相照，形成三点一线。这条线是人体重心与地面垂直的中垂线、重力线和虚轴线。沿这个纵轴形成的立柱式结构既有利于重心的稳定，也更容易化解各个方向的力，产生"立如平准，活似车轮"的平衡力，达到"左重则左虚，右重则右杳"的效果。沿"三点一线"这个轴的升降旋转是王其和太极拳螺旋力形成的关键。

王其和太极拳的"三点一线"是太极拳螺旋力形成的关键。太极拳的圆与直线相互配合、互为表里。除了纵向垂直的"三点一线"，王其和太极拳还要求脚底、对方受力点与发力方向的预定点或目标点呈"三点一线"，如同篮球投篮时，发力点、出手点、投篮预定点要一致方可。发劲时，须在人体的整个重心之中觅得一条直线，从圆的顶、底穿过，形成一条笔直的线，如同台球球杆、白球、所击之球与洞口的直线，沿着它们之间的连线方向击打即可。这种情况下，球体根本来不及旋转。当然，太极拳"三点一线"并非纯直线运动，而是内含螺旋的直线，如同子弹的自旋前进的直线。

二、上虚下实

王其和太极拳的"上虚下实"是以腰为分界线，将人体分为上下两层，上盘虚领顶劲、轻灵圆活；下盘结构严谨，扎实稳固。王其和太极拳的"上虚下实"包含了人体质心、意识、用力方式，以及道家虚心实腹、颠倒坎离等原理。

"上虚下实"首先表现在意识和用力层面："上虚"包括胸廓的放松与内心的虚静，"下实"则包含了气沉丹田、力沉脚底等。想要达到"上虚下实"，腰胯始终要"坐"下来，无论双脚着地，还是单脚着地，都要保持大腿前节与坐腰之间形成对拉力。从腰胯下坐向弓箭步转换的过程中，仍然要保持腰胯下"坐"的姿势，不能出现前俯后仰、左右歪斜或者顶胯翘臀，如此才能将上盘之力沉至脚底，形成"上虚下实"的身法。

"上虚下实"的反面就是"上实下虚"。在王其和太极拳内部，

◎ 上虚下实 ◎

"上劲大"被判定为最严重的错误，无论动作如何规范、标准，只要"上劲大"就与太极拳的本质背道而驰。所谓的"上劲大"是指人体处于一种"上实下虚"、坎离未济的状态。当人"上劲大"时，意识、劲力、气血就会停滞于上盘，上下交通不畅，形成火滞于上、水停于下的水火未济之态，进而导致上重下轻、横气填胸、浮萍无根，引发一系列问题。要做到"上虚下实"，其关键在于"下实"。因为没有稳定的下盘，脚下无根，上盘的轻柔舒适、手上轻灵也就成了无根之木，也无法真正形成"上虚"。

太极拳上盘的力量源自脚底的磨转带动腰胯，进而向上螺旋而出；而下盘的动力则源自上盘的螺旋松沉，两者互为动源。但需要注意的是"上虚下实"是以腰为界，将上下盘分开，通过上盘虚领与松腰沉胯、尾闾下垂自然形成的，而非依靠身体的主动下蹲。

三、以斜归正

"以斜归正"（即"起斜落正"）是王其和太极拳动作结构上的一个重要特征。"以斜"是指每个动作起势时，从正面看两胯对着正前方，而肩与胸口却斜向正前方45°方向，形成一种"看正似斜，看斜似正"的结构；"归正"则是指动作完成过程中，前肩向后、后肩向前平行转动，斜着的胸肩逐渐转向正前方，也就是双肩、胸口与两胯都指向同一方向，即"起斜落正"。

王其和太极拳"以斜归正"也是两个动作之间衔接、过渡动作，即前一个动作的"斜"转为下一个动作之"正"；而"正"又变为下一个动作之"斜"。动作与动作之间以此方式相互衔接，形成一个完整的拳架。

　　王其和太极拳"以斜归正"的结构既源于形意三体式、八卦掌拧裹与太极拳"S"线三者的结合，也是从实战需要出发的。"以斜归正"，一是减少了受力面积，具有顾打兼备的作用；二是拉开了与对方的空间距离，有利于身体的迅速调整、转换位置；三是强化髋的转动，增加螺旋的空间和角动量，进一步促进螺旋劲的形成。

◎ 以斜归正 ◎

四、三七分力

"三七分力"是王其和太极拳下盘结构中的重要风格特征。

王其和太极拳的"三七分力"简称"三七势"（也称"三体势""三体式"），它是指当人两腿前后分开站立时，前腿虚后腿实，后实腿负体重的十分之七，前虚腿负体重的十分之三。当向前迈步时，后实腿的胯向下沉，前胯向后抽吸，将前虚腿的三分之力抽空，前脚不再承担体重，后实腿由七分力变为十分力；继而前脚提起向前踏出半步，重心前移变为前腿承担体重的十分之七，后腿承担体重的十分之三。若上步换势时，前实腿的胯下沉将后腿三分之力抽空，前实腿由七分力变为十分，后虚腿之力完全抽空后再向前迈出，脚掌着地的同时后胯下沉，前脚负体重的十分之三，后脚负体重的十分之七，呈"三七势"。如此循环往复。需要注意的是：后实腿的下坐将前虚腿之力抽空时，仍要保持百会、会阴、涌泉的"三点一线"，需要垂直下坐，忌讳身体前俯后仰、左歪右斜，若犯忌讳不仅重心不稳，发力会受到影响，应敌时也最易为人所乘。

王其和太极拳的"三七分力"是形意拳三七势与太极拳弓箭步的融

◎ 三七分力 ◎

合，具有独特性。这种步型，既有利于重心的稳定和上肢的灵活，可以加大向前的冲击力，又可以避免进退重心不稳的弊病，独具一格。

五、正中寓拗

王其和太极拳的"正中寓拗"是指每个动作在保持中正的前提之下，同时内部寓有向自身缠裹、拧缠的拗势，犹如拧毛巾、拧麻花一样。

"正中寓拗"高度概括了太极拳螺旋劲的形成机制。"正"是太极身形的坐标轴，"拗"是螺旋劲形成的必备条件。"拗"通过胸腰折叠、两肋内收与合裆、合胯形成的拧裹之力，可以将四肢之力进行

◎ 正中寓拗 ◎

整合，并将圆弧力与平立斜三圆、大中小三圈绞合为一，如同拧绳、合线，把几个不同方向的力共同作用在一条轴线上形成合力线，使圆弧转化为轴线方向的螺旋直线，形成围绕中心轴运动的螺旋运动。

王其和太极拳的"正中寓拗"源于武式太极拳和杨式太极拳"小架"的斜线对称，它既不同于杨式"大架"的"中正安舒"，也不同于吴式太极拳的"斜中寓正"，体现了王其和太极拳的个性化特点与独特风格。

六、立化斜发

"立化斜发"是王其和太极拳的一个重要风格特征。"立化"是指纵向结构的变化，"斜发"是指前后、左右上的结构变化。所谓"立化"即每个动作开始时都要坐腰蓄力，并形成百会、会阴、涌泉三点一线的立柱式结构；"斜发"则有两层含义：一是向斜上方的"斜"，即动作完成时，前腿弓膝支撑，后腿与前手小臂在一条贯通的斜直线上，如同斜着支撑的柱子。王景芳曾说"发人（劲）如同顶门棍"，就特指这种身形向上的斜冲力。动作过渡时，通过竖项立腰又重新回到立柱结构，如此循环往复。二是斜前方、斜侧方的"斜"，即从正面引进落空，发劲时则从侧面带有一定斜方向、斜角度的用力方式。

王其和太极拳的"立化斜发"是圆与直线的结合，也是对《太极拳论》中的"八面支撑"与发劲时"专注一方"的进一步深化。"立化"是以中定为核心建立起来的立柱式身型。这种身型如同一个旋转的球形结构或陀螺，形成"立如平准，活似车轮"的平衡力，可轻易化解不同方向的力。"斜发"则是通过"S"变化形成斜轴转换，将对方之力吸收、转换成向前上方的冲击力。两者结合，更容易让对方失重或难以站稳。

"立化斜发"的结构，内含四层原理：一是前小臂从斜下向斜上冲钻，内含掤、撑、钻、顶、展、抖之劲，更容易使对方"拔根"，进而达到放长击远的效果；二是后脚支撑点要如同"顶门棍"一样保持稳定不动；三是后脚尖、手尖与脊柱保持纵向一致，既有利于全身力量的集中、整合，也可以减少分力、加快向前冲起的速度；四是从侧面带有一定斜角度、斜方向的斜向发力，更容易破坏对方下盘的稳定性，"立化斜发"如同对开门的门轴，如果有力向一侧而来，不用力则推不动，用力就会沿着侧面的圆轨迹向外落空。

王其和太极拳的"立化斜发"动作结构与其他太极拳明显不同，具有鲜明的风格特征和独特性。但这种"斜"不是上身的前倾，更不是重心超出体外的倾俯，而是正中有斜，即从后脚到前肘、前掌根是一条贯通的斜直线，而主线仍然是中正的，还是百会、会阴与地面在一条垂直线上。这时，尾骨非但不向后翘，还要向前微扣，从尾骨尖延长出去的立圆弧线指向鼻尖方向。

◎ 立化斜发 ◎

第三节

王其和太极拳手型、步型与肘型特征

　　王其和所传的太极拳在手型、步型与肘型上与其他太极拳也存在着明显的不同，具有鲜明的风格特征。

一、手型

1. 单掌

　　王其和太极拳的掌法，基本上都是立掌，即虎口向上，小指在下。这个手型与人走路时手自然摆动到最高点时的手型姿势是一样的。这也

◎ 掌起腰间 ◎

是"打（练）拳如走路"与"咋样走路，咋样打拳"的具体体现之一。

　　以搂膝拗步、左右倒卷肱（倒撵猴）为例。杨式与武式太极拳的出掌轨迹都是以立掌从耳侧向前螺旋推出，待完成动作时舒指坐腕，力达掌根。王其和太极拳起手不同于前两者，它借鉴了形意拳的出拳位置，是从腰间以立掌向上掤穿，指尖如昆虫之触须引领小臂、试探向前，经心口沿中线斜上螺旋穿搓，进而旋臂旋腕，力达掌根。其他动作，如上步七星掌、搂膝拗步、抱虎归山、高探马、小探马、抹眉掌等也是如此。

2. 双进掌

　　王其和太极拳的双进掌是以肘催手，经胸口变化而出（即"变化

◎ 掌出胸口 ◎

在胸"，所谓从"口出"的"口"是指"胸口"），两掌螺旋穿搓按，旋臂旋腕，向前形成合力。如揽雀尾、如封似闭、提手上势等，都是如此。

3. 下搂掌

王其和太极拳的下搂掌与杨、武两家也都不同。以搂膝拗步为例：杨、武、吴几家太极拳，在搂手后都有一个向下的"坐腕"动作，下搂掌掌心向下，位置也在前腿膝关节外侧。王其和太极拳的下搂掌则是自然掌，即掌与手臂自然下垂，掌心斜向后下方的脚底方向搂掌，如同向后划水状与后脚底对称相合，位置在髋关节的外侧方向，但不"坐腕"。

◎ 王其和太极拳下搂掌与杨式太极拳下搂掌位置的区别 ◎

王其和太极拳的下搂掌非常重要。它不仅在于其与前手形成的共轭，还在于向下搂与前手向前、前腿弓箭步向后、后脚底向上的反向对称的反衬劲，更在于向后搂时，下搂手顺对方之力的引进落空，再通过松腰沉胯至脚底，加大脚底的反作用力，进而促进了"底翻劲"的形成。

王其和太极拳原传的单掌、双进掌、搂掌的位置、运行轨迹，既不同于杨、武两家，也不同于吴、陈、孙各家，它的出掌方式吸收、融合了太极、形意、八卦几家，具有独特性。

二、步型

1. 顺步

顺步是王其和太极拳"四顺"之一。王其和太极拳大多数动作（个别动作除外）定势时，两足尖与出手、出拳方向保持一致，如自然站立或平时走路一样，后脚尖不允许外展或外撇。双脚外侧左右的间距与肩保持同宽，即两个脚尖方向、两足间的横向距离与平时走路相似。这亦即王其和太极拳"打（练）拳如走路"与"咋样走路，咋样打拳"的具体表现之一。

这种步型两脚与肩同宽，两边的肩井穴与涌泉穴上下贯通如同两条长竖线，头顶百会到会阴连接为中间的一条短竖线，三条线结合就如同立起来的"三"字；两脚掌平行，前后、左右距离随个人身高及架势高低而有所不同（一般以前

◎ 王其和太极拳的顺步 ◎

后距离为本人脚长的一脚半，左右距离一脚为宜），步型调整的总原则是为使两腿分工明确，进退更为便利。这种步型如同人平时走路，虽前后位置参差，两脚仍保持平行，如雁群飞行。所以，这种步型也被称为"自然步""雁行步"。

王其和太极拳的这一步型特征，既不同于陈式、赵堡，也不同于杨式、武式、孙式后脚外展35°～45°的特征，但与吴式太极拳要求相似，这说明两者可能具有相似的来源。

2. 扣摆步

扣摆步是向磨转步过渡的练习方法，以及初学者或场地摩擦力过

◎ 王其和太极拳的扣摆步 ◎

大、地面凹凸不平时采用。

王其和太极拳的摆扣步是转身时的动作，从顺步开始，后脚（设为左脚）跟半步再后撤支撑，前脚（设为右脚）抬起向内扣，指向前进或出手方向，并与左脚呈丁字步或八字步，继而左腿提膝，左脚顺势摆正，两脚与肩同宽，左脚尖与右脚尖形成顺步，仍指向同一方向。然后再提起左腿向前迈步，成左弓箭步。相对于磨转步，扣摆步对腰胯的要求要低很多，更适合初学者或场地不适合磨转步时使用。

扣摆步通过扣摆形成一个自下向上的拧劲，使身体产生自旋，进而形成一个立体螺旋。这个过程中，通过身体方位的改变，以斜归正，斜入正出，顾打结合、攻防一体。同时，扣摆步还内含脚、腿、膝、胯的攻防，将下肢的作用发挥到极致。

从风格特征上，王其和太极拳的扣摆步应该源自形意拳与八卦掌。尽管杨式太极拳与武式太极拳当中也有扣摆步，但王其和太极拳的扣摆步不同于杨、武两家，而是与形意拳、八卦掌的扣摆步更为接近。

3. 磨转步

磨转步是指动作转身换势时以重心脚的足跟为轴心，脚尖微翘，脚掌内扣，脚底以"拧、碾、旋、踩"之力轻柔转动，实脚的足尖旋转如同圆规，可以转至任何方向。这个过程中，实脚拇指向下、向内扣与脚踝内侧外旋非常重要，两者结合会形成一个向上的反作用螺旋拧劲，带动膝盖与胯向内扣，进而带动腰胯和全身的转动，形成以涌泉、会阴、百会为轴线的立体向上旋转。过程中，虚脚足掌着地，足跟微起，膝关节上提，旋膝旋踝，随着实脚的转动，起落轻柔圆活，带动膝髋的弧线旋转，足抽回后又向前迈出。虚脚开步的方向、角度，也都是由重心足掌旋转的方向确定，而前后、左右的间距则是由前脚决定，即"前脚定距离，后脚定方向"。

王其和太极拳脚底的阴阳变化对劲力调整具有重要意义。王其和太极拳内部所说的"上下一条线，脚底阴阳变"就是指这种脚底磨转对全身劲力的决定性作用。脚底的磨转步与蹚泥步结合就是王其和太极拳所说"用脚底来练拳"的深意所在。

非物质文化遗产丛书

Intangible Cultural Heritage Series

王其和太极拳

4. 蹚泥步

王其和太极拳进步、撤（退）步时，均要求走"蹚泥步"，所谓"蹚泥步"即以脚掌平贴地面，擦地而行，如同溜冰或国标舞的探步。虽然王其和太极拳也跟半步，但并不像武式太极拳的虚步跟步，而是后脚平贴地面，靠尾闾向前兜扣，带动后脚向前拖步，向前脚靠拢。

王其和太极拳走"蹚泥步"的出步方式，不同于杨、武、吴、孙、赵堡和陈式各家，体现了王其和太极拳的个性化特点和独特风格。

关于王其和太极拳这一特点的来源：一是认为王其和继承了杨兆林所传早期杨家太极拳的脚下功夫；二是认为吸收了八卦掌的蹚泥步与形意拳的槐虫步，并将两者结合起来；三是松胯后自然形成，因为如果出步时保持气沉丹田、力沉脚底的状态，就会必然如此。王志恩先生还提出这种步法也可能与大陆泽地区拉耧犁、种麦、耩地存在关联，带有大陆泽的地域特色。

5. 脚底放平

王其和太极拳不仅站立时要求脚底放平，在前进步、撤步时也要求脚底放平，平贴地面、以脚掌擦地而行，如同溜冰或国标舞的探步。这个动作非常重要，只有脚底放平才能借地之力。

三、肘型

虽然王其和太极拳的上盘借鉴了杨式太极拳的轻灵、柔和与舒展大方，但很多地方王其和太极拳与杨式太极拳的要求并不完全一样，肘就是其中之一。

杨式太极拳要求沉肩坠肘，两个肘在撑开的基础上外张、虚腋，始终保留一拳的距离。尽管王其和太极拳也有腋下留有四指宽或一个鸡蛋的空间要求，但王其和太极拳的前肘尖是垂直于地面的"立肘"结构，后肘尖也是垂直地面的，前进时多数都是贴肋而行，无须拘泥于腋下留有一拳的距离，以及臂、肘始终要保持一定紧张度的机械性要求。

王其和太极拳的"立肘""立轴""立裆"是联系在一起的，能够做到"立肘"就更容易领会沉肩坠肘、含胸拔背和气沉丹田的要领。

王其和太极拳的"立肘"是对太极拳沉肩坠肘的进一步深化，立肘既是形成螺旋劲的技术需要，也是出于技击中"以肘护肋"的考量，也体现了王其和太极拳传承的独特之处。

第四节

王其和太极拳劲法特征

王其和太极拳属于散手拳，它将武式太极拳、形意拳严谨的下盘发力结构与杨式太极拳的空灵，以及形意（直取快攻）、八卦（避正打斜）等身法精要相融合，形成了劲走螺旋，劲法绵柔、冷冽的风格特征。

一、松柔

王其和太极拳将松柔作为基础和入门功夫，凡练习者莫不要求以松柔为先。练拳时下盘严谨、灵活，上盘则轻灵、绵软。

太极拳的松柔既是身体上的一种感受，也是心理活动的一种状态，要想做到松柔，首先要保持心静神安，只有心理上足够静，身体上才能足够放松，而身体放松也更容易心静，两者互为其根，相辅相成。

在应用上，松柔的柔性衔接方式可以减少与对手碰撞回弹，能够更好地吸化对方的劲力，也有利于脚底作用力的回弹，使力更好地渗透进去，进而增加打击效果。

二、空灵

王其和太极拳"重劲不重招""重内不重外"，最忌讳依靠招法、技巧、力量胜人。在实际应用中，一律以灵敏的触觉功夫（即"听劲"）为前哨，手法轻灵以至于不让对方有任何感觉和负担，对方搭手时感到空若无物。这种要求既体现在推手训练和技击应用当中，也要贯穿在平时行功走架上。

王其和太极拳有"劲发人不知"和"拳打人不知，知道打不了"之说，能否培养出"人不知我，我独知人"的功夫是太极拳入门的标志。王宗岳《太极拳论》曰："人不知我，我独知人，英雄所向无敌，盖皆由此而及也。"这样才能做到"称彼劲之大小分厘不错，权彼劲之长短毫发无差"，才不会出现"壮欺弱，有力打无力"的力量比拼。王景芳曾与人搭手，发力前先告诉对方再发劲，以便让对方提前做好准备随意躲化，但王景芳连续六次使用同一个手法，对手竟然都不知道他是何时发的力，以及如何被击出的。这种"妙手空空"的境界既是太极拳艺术的特质，也是王其和一脉太极拳追求和坚守的要义。

三、冷冽

王其和太极拳并非纯粹的轻柔、无力，在发劲的瞬间如霹雷炸裂，快如闪电，极其冷脆。王其和、王景芳与人试手，常随口中发出的"去"声，对手多在茫然不知下应声倒地。这是因为其动作轻灵，通过身法将全身之力集中于一个点上，又用"听劲"粘住对方的平衡点，劲力摧毁其重心时瞬间爆发，对方根本不知道其何时发力，完全没有抵抗意识，而身体结构已被破坏，轰然倒塌，无法应对。

这些独特的劲法一起构成了王其和太极拳的劲法特征，以及制人而不伤人的风格。

王其和太极拳的原理

第 ④ 章

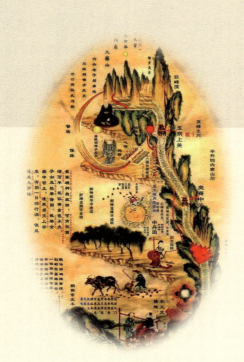

第一节

王其和太极拳的易理

太极拳之所以被称为"太极拳",就在于它是以"太极"为指导思想。无论太极拳的外在形式如何变化,但指导它的太极之理却是不变的,所以讨论太极拳就必然要涉及太极本原与太极图的问题。

一、太极拳与太极本体

"太极"一词,源自《周易·系辞》的"易有太极,是生两仪,两仪生四象,四象生八卦"一句。

"太极"作为本体是无形无象的,太极无法显现、无从形容、无处把握,就如同"虚空"无法被定义、无法被言说一样。它强调的是人介入之前的状态,不可名、不可状,也就不可能直接被觑见,更无法去定义。因为太极本身是超越二元对立的,而任何词汇都是有规定性的,用有规定性的词汇来表达无规定性的本体,就必然影响它的真实表达。后来,为了表达太极这种无形无象的特征,人们就画一个"○"作为象征

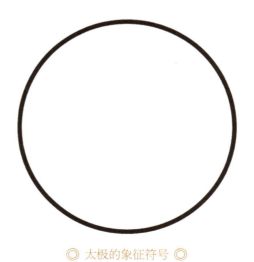

◎ 太极的象征符号 ◎

符号，想以直观的方式直接契入"太极"实相，以领会太极无形无相、全体透空的理念。

然而，当这个"〇"出现后，人们的思维却被这个圆圈周围的线所禁锢，导致很多人认为太极就是一个圆圈，并试图用圈来解释或规定太极，而其作为本体之本义却被遮蔽了。

为了准确表达太极之本体义，防止发生歧义，宋代周敦颐就用道家的"无"来规定太极，提出"自无极而太极"的观点。这里的"无极"并非是在"太极"之上还有一个"无极"存在，而是形容其无形无相、无法被规定的本体状态。

"无"或"无极"本是道家的观念。在老庄哲学中"无"或"无极"也是"道"的特征，道家的"无"并非是不存在，而是未显、不可见之义。据记载，周敦颐的太极图得自穆修，穆修得自种放，种放得自五代道士陈抟。从某种意义上讲，周敦颐的"自无极而太极"是儒道的一种结合，而"太极"与儒家的"中"、道家的"无"、佛教的"空"有着相似的意义与理论深度。

太极拳理根于太极，既然"无"是太极的本性，当然也就是太极拳的本质。明王宗岳的《太极拳论》继承了这一观点，提出："太极者，无极而生，阴阳之母也。"但王宗岳将"自无极而太极"改为"无极而生"之后，这个"生"字极容易产生误解，进而导致很多人认为"太极"之前还有一个"无极"存在。其实，"无极"只是形容"太极"无形无相、不可被定义的本体状态。托名唐李道子的《太极拳授密歌》曰："无形无象，全身透空；应物自然，西山悬磬。虎吼猿鸣，水静河清。翻江播海，尽性立命。"这里的"无形无象，全身透空"就是形容太极的本体状态。太极拳的起势（现在也被称为"无极式"），就是模仿"无极"的无形无相状态，杨澄甫曾说"不动为无极，已动为太极"，又说此式"守我之静，以待人之动，则内外合一，体用兼全。人皆于此势易为忽略，殊不知练法动作用法，俱根本于此"。黄元吉在《道德经注释》中也说："于无知无觉之际，忽然一觉而动，即太极开基。"

　　"太极"作为无形无相的本体，与诸多招法、劲法的关系，是本体与现象的关系，也即感与应的关系。也就是说，在没有外界扰动的状态下，本体自身是不会动的。它之所以动是由于外界扰动或触发而产生的应答现象。《周易·系辞》说："《易》无思也，无为也，寂然不动，感而随通。"这就如同敲击一口钟，钟自身是不会响的，人敲几下，它就响几下；敲得重，它响的声音就大，人不敲它就不响。太极拳的本质也是模拟这种反应状态。王宗岳太极拳《十三势歌》说："静中触动动犹静，因敌变化示神奇。"这里的"静中触动动犹静"可以分为两个方面，一是自己练习时，会静极生动进而引发形体的运动，而一静身心俱静，又回归无极状态。在动作上"动犹静"还具有当外形的动作连绵不断时，内心仍然保持静的状态，如同观看自己身体之动的状态。这也是太极拳被视为"导引术"的原因之一。二是在技击应用上，太极拳没有任何预定的招式、目的，所有的变化都是因为顺从对方进攻而产生的自动化应答和变化，而人们常会对这种现象产生的原因感到莫名其妙或难以理解，即"因敌变化示神奇"。

二、太极拳与中道思想

　　"中道"是中国最古老、最悠久，也最深奥难懂的概念。在甲骨文当中，"中"字有很多写法，具体象形说法不一。

　　"中"在字形上的观念最初可能源于北极星，北极星如同天空中旋转的中轴，而遍布四方的其他星体则环绕其周运转，如司马迁在《史记·天官书》中所说："中宫天极星，其一明者，太一常居也。……斗为帝车，运于中央，临制四乡。分阴阳，建四时，均五行，移节度，定诸纪，皆系于斗。"而"太一""皇极""中""太极"的观念也与北极星有关。如唐代的孔安国解释说："极，中也。"宋代的卫湜在《中庸集说》中引顾元常的话，说："《易》言太极，《书》言皇极，中之谓也。"这表明，"中"与太一、皇极、太极之间存在内在关联性。而且，"中"贯通整个太极学说，也最能表达太极图的深意，还可以分阴阳、五行、八卦。

　　中国哲学的"中道"是超越于二元思维之上的，属于极深的学问。

从历代文献看，"中"并非仅是事物上的中间，也不是"两端"之外的第三端的"中间"，而是超越"阴阳""两端"二元对立思维的另一个维度。如卫湜在《中庸集说》中引南宋袁甫的话说："尧舜禹相授受曰中。中者何？非动静而动静函，非刚柔而刚柔具。""中"与太极图中的"○"一样，它更像是为讨论问题而设立的一个假名，它只是相对于"阴阳""两端"而存在的。如果没有"阴阳""两端"，也就无所谓"中"。明代的王夫之就曾说："盈天下只是个中，更无东南西北。盈目前只是个中，更无上下左右。""中"并非仅是形而下可感知的"中间""中心"，而是一个相对于"两端"而存在的概念，它只能因时间、空间、物自身而相对存在，如果两端不存在，中也就不存在。宋朝的程颐曾说："中字最难识，须是默识心通。且试言一厅，则中央为中。一家则厅中非中而堂为中。言一国则堂非中而国之中为中。推此类可见矣。"由此可见，"中"是相对于"两端""阳阳""倚"等观念而言的，它就如同数学上的"○"，既存在又不是一个真实的存在者。在思想上，"中"是不偏激、不走极端、无形无相之义；在意识上表现为心中无杂念、中空状态。

太极拳继承了中国的"中道"观，意义非凡。杨式太极拳宗师杨澄甫，为其长子起名"杨守中"，可见"中"在其太极拳中的地位。"中道"在太极拳中具体体现为"中定"，太极拳十三总势以"中定"为核心，无论练拳架、推手，还是对敌，皆以不失"中定"为要。尽管在太极拳上"中"有中心线的意义，既可以区分人体上下、左右、前后对称的中线，也可以是上可以穿天际，中可以透人体，下可以达地心，贯通百会、会阴、涌泉，从无限远到无限近的一条虚线，但太极拳"中"的核心含义不是一条固定不变的丝线或劲力线，而是"虚中""空中"，即没有一个不变的"中"存在，这个"中"只是相对于"阴阳""两端"而存在的，通过阴阳变化而显现出来的。可以说，太极拳就是一种"执两用中"的艺术。在太极拳上，"中"还体现为时机上的恰到好处、最合适的状态，以及得机得势、顺势而为、无过不及、随曲就伸的"时中"与"中节"状态。

三、太极拳与阴阳之道

（一）阴阳是太极拳的根本律

在中国哲学中，"阴阳"也被认为是一切规律中的元规律。阴阳之间的相互作用是一切现象、变化的总根源。阴阳也是《易经》之最底层逻辑，所有的规律都要通过"阴阳"来呈现自身。如《易传》所说："一阴一阳之谓道。"又说："立天之道曰阴与阳，立地之道曰柔与刚，立人之道曰仁与义。"

阴阳也是太极拳的总纲和元规律。阴阳与太极的关系是现象与本体的关系。"太极"作为本体是无名无相的未显化状态，它要借助"阴阳"才能够呈现出来。太极拳所有的动作都是在阴阳理念指导下进行的，遵循着相同的阴阳法则。王宗岳在《太极拳论》说："每见数年纯功，不能运化者，率皆自为人制，双重之病未悟耳。欲避此病，须知阴阳。"可以说，练习太极拳不知阴阳，便不懂太极。

（二）阴阳共轭

阴阳并非一个具体的东西，而是相对而言的，从不单讲一方。如《老子》说："有无相生，难易相成，长短相形，高下相倾，音声相和，前后相随。"阴阳之间互相依存，互为条件，立一处为阳，相对之处就为阴，没有阴也就无所谓阳。前后、上下、左右等都是相对而言的，具有相对性。

太极拳的一举一动都存在着阴阳共轭运动。《老子》曾说"万物负阴而抱阳"，即是说万物都是一个阴阳的统一体，太极拳也是如此。太极拳没有单独存在的阴或阳，任何一个

◎ 太极水火匡廓图 ◎

事物的运动必然会同时出现一个相反方向的运动，伴随着一退一进，外形上左旋劲力必然右旋，如同钻头往里钻，而木屑则朝外出。如清武禹襄所说："有上必有下，有左必有右，有前必有后。"王宗岳《太极拳论》所说："阴不离阳，阳不离阴。阴阳相济方为懂劲。"阴阳之间两两相合、大小相等、方向相反，形成各种太极运动的基本规律。

（三）阴阳互根

阴阳之间遵循着"反者道之动"的原则，两者相互对立，互为其根，阴阳双方都向自己对立面转化，形成统一体。如同太极图中的阴中有阳、阳中有阴。

王其和太极拳中处处存在这种阴阳关系，外形动作与劲力、气机运行也是相反相成的，例如：身体下降时，劲力却是向上的；身体上升时，劲力却是向下的；身体收合时，内在筋骨结构却是撑开的；放劲时，肢体外形是向外开，而内在筋骨却是收合的。从气机上，含胸坐腰向下收势为"合"，但劲却是从下向上升，气也是从脚底

◎ 太极阴阳图 ◎

沿督脉上行；身形外展时为"开"，劲却是主动向下至脚底，气也是从任脉而降入丹田。

（四）阴阳的无限可分性

太极拳理法源于《易经》，而《易经》是由基础的阴阳两爻，即"‑‑"和"—"组成，阴阳之间相互排列组合，相兼合变，即"太极生两仪，两仪生四象，四象生八卦"，八卦之间再重叠排列组合，形成六十四卦与三百八十四爻。当然，这个排列组合还可以继续下去，其变

化不可胜数。如《黄帝内经·素问·阴阳离合论篇第六》中所说："阴阳者，数之可十，推之可百，数之可千，推之可万，万之大不可胜数，其然要一也。"

在太极拳上的阴阳虚实也具有无限可分性。从人体整体的动静、前后、左右、上下、内外，再到每一个具体位置上的阴阳，如一条手臂又可以分为上下、左右、前后、内外阴阳，再到手的阴阳，乃至手指的阴阳，甚至手指一个点上的阴阳，而最小的阴阳仍然是由两个大小相等、方向相反的力构成。这些部位之间相互配合、虚实交错，化生出多种组合。很多高手认为太极拳一生都难以穷尽，也并非完全是自谦之词，或许正是真正体会到了阴阳组合和旋转变化是不可穷尽的。

四、太极拳与太极图的关联

（一）太极图与太极螺旋

太极拳理法源于太极图。太极图分黑白左右两路，表示阴极阳生，阳极阴生，中央圆形空白无物，两者都向中央旋拧。太极图所展现出来的是一种中央旋极状态，它不仅向中央集中旋紧，也由中央向外辐射、喷发、抛掷，是向心螺旋与离心螺旋的统一。但需要注意的是太极黑白分左右两路，中央圆形空白无物，表示阴极阳生，阳极阴生，不是中间

◎ 太极图的中央旋极状态 ◎

那一圈白才是太极。如同水的漩涡和龙卷风都有自旋的中心，这个中心是真实存在的，但又不是一个实体的轴，而是两边作用力共同形成的旋转轴。

太极图所呈现出的螺旋状态，是宇宙万物组合、运行、演化的普遍规律之一。螺旋广泛存在于各个层次的事物之中，从宏观的宇宙天体到微观的粒子，如黑洞、星云、DNA结构、心脏的螺旋结构与跳动，人的发旋、指纹、脉轮、穴位，都呈现出太极图的螺旋样态。在宇宙中，太阳系八大行星看似围绕太阳做圆运动，从更高一个维度看则是螺旋运动，而这个螺旋又是围绕银河系运动的一部分。自然界中也有很多螺旋结构，如龙卷风、水的漩涡、菊花、向日葵等，这表明螺旋代表着一种最自然、最合理的结构。人们根据螺旋的原理，还发明了很多螺旋工具，如螺丝钉、螺丝刀、钻头、来复线等。王其和太极拳就是运用螺旋原理所产生的一种劲法艺术。

◎ 自然界中的螺旋 ◎

太极图的涡旋结构完整地表达了太极拳的基本规律，也反映了太极拳运动最基本的特质。太极图所呈现出的中央旋极状态，类似物理学上的涡旋，它既向中央集中旋紧，也由中央向外辐射、抛掷，是向心螺旋与离心螺旋的统一。太极拳向心螺旋为收、为含、为蓄；离心螺旋为开、为放、为抛掷；收得越紧、越足，抛掷的能量也就越大。

太极螺旋还具有轴向加速作用。离心力与缠绕的旋臂涡旋向心加速度成正比，而且螺旋原则是同向合并、异向排斥，向心旋转速越快，从中心向外旋出的动能就越大。螺旋也是所有动作中输入最小、输出最大的运动形式，代表着最佳用力方式。螺旋可以获得更大的扭曲力、初速度和旋转惯性，以及力的连贯性、稳定性、准确性，而力的连贯性越好，杀伤力以及发放距离也就越远。

（二）太极拳螺旋运动也是在阴阳法则下进行的

阴阳是太极拳变化的总则。太极图的螺旋运动也是以阴阳方式显现的，而双鱼太极图的双螺旋可以看作螺旋的横切面结构，而双鱼太极图也是构成螺旋的最基本、最简单的单位和关系。双鱼太极图多个"S"线就形成螺旋运动，顺方向运动为化、为收、为合；逆方向为发、为开。

而且，太极图的螺旋具有阿基米德等角螺线和黄金螺旋的特征。

◎ 双鱼太极图 ◎

螺旋运动遵循着等角螺旋或对数螺旋原理，始点与终点的呼应，形成阴阳对称、对生或轮生模式，也体现了太极两仪、阴阳互变的含义。螺旋过程中每一螺旋会同时出现两个相反的方向，即向心螺旋与离心螺旋，如同水的漩涡和龙卷风，也可以称为顺螺旋与逆螺旋或阳螺旋与阴螺旋。两者方向相反形成共轭，两个螺旋的方向相反却是一体，又各自向对方转化，旋转其中一方，就可以使另一方沿弧线移动。这就好比是用钻头去钻木头的过程中，钻头是往里旋进，木屑向外被旋出。

五、太极拳与"物物一太极"理论

中国哲学中有"物物一太极"之说，意思是，看似千差万别的万物却遵循着同一个太极之理，每个事物都自成一个太极体，如天地是一个大太极，而万物又各自为一个小太极。如明来知德在《周易集注》中所说："我有一丸，黑白相和，虽是两分，还是一个。大之莫载，小之莫破；无始无终，无右无左。八卦九畴，纵横交错。"

中国哲学上的"物物一太极"体现在太极拳上则为"处处一太极"。按照太极原理，人体本就是一个太极体，而腰、肩、腿、膝，以及手臂、手掌、手指，甚至手指的接触点，都又可自成一个小太极。这也是《太极拳论》所说的"虚实宜分清楚，一处自有一处虚实，处处总此一虚实"。但总原理仍遵循太极的基本原理。

王其和太极拳中"浑身无处不太极"的理念也是秉承"处处一太极"思想而来，每一动作、每一部位都要分出阴阳，阴阳之间又相互呼应，形成各种螺旋的自转力与公转力，进而形成处处成圆、触处成圆、旋转自如的太极之体。如同郝月如先生所说："太极拳有舍己从人之术，挨何处，何处灵活，假使挨手，手腕灵活；挨肘，肘能灵活；周身处处如此。又挨手意在肘；挨肘意在肩；挨肩意在胸；挨胸意在腰；挨腰意在股。以此推之，如沾连相随，不丢不顶，此进落空，借力打人，皆此意。"

六、《易经》八卦、六十四卦与太极拳八门、六十四势的关系
（一）八卦

太极拳的理法源于太极图，太极图四周为八卦所环绕。八卦的八个卦象是《易经》的基础卦，即乾、坤、坎、离、巽、震、兑、艮。八个卦象之间也遵循着阴阳相生、两两对待、位置对称、方向相反的对生或轮生模式，如《易传·说卦传》所说的"天地定位，山泽通气，雷风相薄，水火不相射，八卦相错"。易学上也称此为"对宫卦"。

众所周知，太极是个圆，但却不是一个平面的圆，而是一个三维空间上的立体球。八卦这套符号，在空间方位上，对应着立体球的八个面或八个方位，也称为"八面"又称"八门"。这"八门"在太极拳上又称为"八面支撑"，对应着太极"八法"，即掤、捋、挤、按四正方与采、挒、肘、靠四隅方。

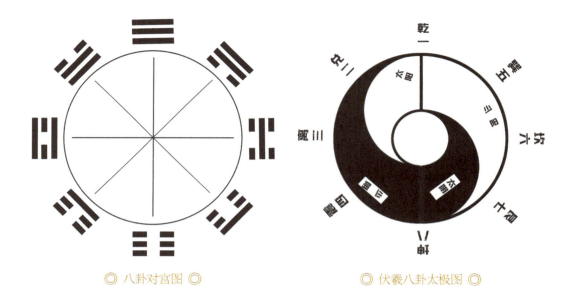

◎ 八卦对宫图 ◎　　　　　◎ 伏羲八卦太极图 ◎

八卦的八个方位又被称为"八宫"，八宫加上"中定"也就是"中宫"，就是九宫，合称为"九宫八卦"。九宫八卦是以中宫为核心。在人体上，中宫是百会、会阴、涌泉连成的中轴线。太极拳的身法以中定为核心，犹如平稳旋转的陀螺，均匀转动，上下、前后、左右、斜前、斜后，以腰为中心点分为长短相等的八个头，形成八面支撑。每个动作从施力点到发力点、从起点到落点非圆即弧，形成八门劲法，进而形成人体点状球，如对手接触就会受到己方整体的螺旋动量而跌出。现将八门劲的内容分析如下：

"掤劲"是太极拳八劲之本，也是太极拳最基础的劲法。一般将向上、向前、向外的劲，统称为"掤劲"。但掤劲的实质是由圆中心向外的扩荡和两端相争产生的反弹力，既可以是向上、向外离心旋转的劲，亦可以是向斜上的弧与斜下、斜前的弧。太极拳歌诀曰："掤劲义何解，如水负行舟。先实丹田气，次紧顶头悬。周身弹簧力，开合一定间。任尔千斤力，漂浮亦不难。"

"捋劲"是顺着向心螺旋向内、向外旋转的弧线运动。太极歌诀曰："捋劲义何解，引导使之前。顺其来势力，轻灵不丢顶。引之使延长，力尽自然空。重心自维持，莫被他人乘。"

"挤劲"是采用中定力进攻的方法。当接触点不动，用中心点直接向接触点撞击的方法，其关键在于周身合力于交叉点。太极歌诀曰："挤劲义何解，用时有两方，直接单纯力，迎合一劲中，间接反应力，如球碰壁还，又如钱投鼓，跃跃声铿然。"

"按劲"是用单手或双手，由上向下旋转产生的向下的弧形离心力。太极歌决曰："按劲义何解，运用如水行，柔中已寓刚，急流势难挡，逢高则膨满，遇凹向下潜，波浪有起伏，有空必钻入。"

"采劲"是向心螺旋离心切线的急加速运动。太极歌诀曰："采劲义何解，如权之引衡，任尔力巨细，权后知轻重，轻移则四两，千斤亦可称，若问理何在，杠杆作用存。"

"挒劲"是平圆转动离心的急加速切线运动。太极歌诀曰："挒劲义何解，旋转如飞轮，投物于其上，脱然掷寻丈，急流成漩涡，卷浪若螺纹，落叶坠其上，倏尔便沉沦。"

"肘劲"并非仅是"宁挨一拳，不挨一肘"的威力，更关键在于其作为第二层防线，即"肘要屈使"的变化点，是用肘旋转变化而出的掤劲。太极歌诀曰："肘劲义何解，方法计五行，阴阳分上下，虚实宜分清，连环式莫挡，开花捶更凶，六劲融通后，用途始无穷。"

"靠劲"是肩胯旋转而出的掤劲，属于人体的第三道防线。太极歌诀曰："靠劲义何解，其法分肩背，斜飞式用肩，肩中还有背，一旦机可乘，轰然如捣稚，仔细维重心，失中徒无功。"

太极拳的"五步"指进、退、顾、盼、定，是中定点的移动步骤，表明步法、方位的进退有序（不一定就是专指步法运动），对应着相生相克变化的五行，即金、木、水、火、土。"八门"与"五步"两者相加，共十三势。所以，早期的太极拳又称"十三势""八门五步"。

（二）六十四卦

按照《易传》的"太极生两仪，两仪生四象，四象生八卦"，八卦重叠生六十四卦的原理，"两仪"是两点的阴阳相互对应；"四象"是四点的相互对应；"八卦"是八点的相互对应；"六十四"则是在圆周上存在的六十四点，即三十二组的相互对应，也就是"对宫卦"。在太极拳上，六十四卦表现为圆周刻度的三十二组对应阴阳关系的变化，进而形成人体点状球结构。

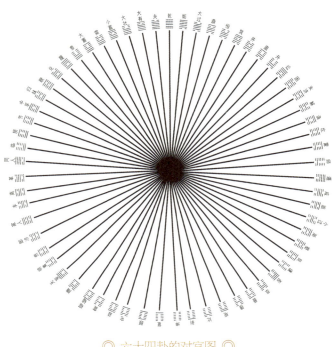

◎ 六十四卦的对宫图 ◎

　　"变"是《易经》的核心理念之一。在太极拳上，《易经》的六十四卦既表现为圆周上三十二组圆周刻度阴阳对应关系，也表现为不同部位的组合变化。人体本就是一个太极，腰脊、两肩、两胯、大小臂、大小腿与手足不同部位之间相互配合，交叉组合，造就了丰富的变化形式。这种变化就如同太极生两仪，两仪生四象，四象生八卦，八卦重叠生六十四卦一样，变化无穷。王其和太极拳平时走架、推手的目的，就是领悟、掌握这种变化规律。所以，王其和太极拳所谓的"六十四势"并非单纯指具体的六十四个动作，而是圆周刻度的变化，更是指不同位置、劲法的叠加状态。

第二节

王其和太极拳的拳理

一、重德敬艺思想

（一）重德

重德是王其和太极拳始终遵循的思想法则，有"学拳先学德，练拳先练顺"之说。王志恩在"十字要诀"中更是将"德"字置于首位，即德、顺、轻、静、松、柔、圆、缓、匀、空。

太极拳属于武术的一个分支。由于武的特性，自古以来就具有两面性：它既可以是制止暴力的手段，也可能成为暴力的帮凶。如果所传非人，不仅会害人害己，还会危害社会，给自己的门派带来灭顶之灾。所以，王其和太极拳一直遵守着"八不传"和"五传"原则，即："一是不忠不孝之人；二是根底不好之人；三是心术不正之人；四是鲁莽灭裂之人；五是目中无人之人；六是无礼无恩之人；七是反复无常之人；八是得易失易之人。此须知八不传，匪人更不待言矣。如其可以传，再口授之秘诀。传忠孝知恩者、心气和平者、守道不失者、真以为师者、始终如一者。此五者，果其有始有终，不变如一，方可将全体大用之功，授之于徒也。明矣，于前于后，代代相继，皆如是之所传也。噫！抑亦知武事中乌有匪人哉！"所以，我们应该做武的主人，而不应成为武的奴隶或沦为别人手中指使的刀剑。

王其和太极拳还要求"守三德"，即心德、手德、口德。

心德："武"的本义是格斗或战斗。然而。在整个武学体系中，"武"并非仅作为一种格斗工具存在，也是认识自我、认识生命、认识世界的一个工具，更是通达"道"的途径。古人云："学文不学武，临辱不做主；学武不学文，只是半个人。"习太极拳的真正意义既在于技艺，更在于生命境界的提升。虽然太极拳是武术的一种，但其重点还在于通过练习提高自己的修养，以武之小我修大我之心，进而达无我之境。如果一个人不了解整个生命意义，人格不健全，生命境界又很低，即使拥有再高武功也与牙尖爪利的动物没有本质区别。

手德是太极拳的一种境界，即"用艺术发人，以武德服之"。太极拳最忌讳恃武好斗，尤其是故意出手伤人，即使是比试也要光明磊落，用真正的太极功夫胜人，而不是私下用一些非太极的招法、技巧胜人，更不能看对方处于劣势，或处于墙角、桌角等不利位置时发劲，以低劣手段故意伤人。

口德是不可口出狂言，狂则生事，且内失于中。练武之人好争，所以一定要克服争强好胜、逞强斗狠的误区，一定要克服"文人相轻，武人相斗"的恶习，更不应在背后捕风捉影议论他人是非，说人坏话，更不能说一些不实之词，贬低他人，编造故事恶意诋毁他人，当众让人难堪，惹出众多纠纷。很多伤及性命的事故，往往就是一两句话引起的。如此行事的人，其实并不真正懂得太极之理，不懂得尊重他人就是不尊重自己，贬低他人也就是贬低自己。太极拳的核心是圆运动，宇宙空间的天体与一切事物都在做圆运动。而圆运动的基本原理是"反"，即向自己的对立面转化。这就蕴含着一个重要道理：人的所有行为必然会还给自己，所有的恶言、恶行必然会被反噬，所有戕害别人、败坏别人的言行必然都将返归自己。

武德也是太极拳不出偏的关键心法。太极拳培养的是中和之道与中定之气，情志波动是为大忌，大怒、大喜、大悲会使体内气机突然大动，瞬间失去阴阳平衡。养气更忌忿恚，忿恚一起气脉紊乱，进而"火烧功德林"，导致一系列的问题。古人讲"仁者无敌"，这里的"无敌"并非谁都打不过他，而是在他心中根本就没有与之对立的人和物。

武德也是走向上乘武功的根基。太极拳为养神练气之法，收得一分气，便得一分宝，收得十分气，便得十分宝。养好丹田不仅要打开"气关"，能够气入丹田，更为重要的是要通过积累，避免日常的无意义的耗散，以量变达质变。练太极拳的人极多，而练好的人极少，究其原因是没有渡过养好丹田这一大难关。所以，"武德"也不是对别人的道德准则，而是真实内心世界的显现。如同吕喦所说："养气忘言守，降心为无为。"一个灵魂谦逊的人，往往都会自然地含胸拔背，这种情况下心意也会相对下移，气也能够下降。相反，一个盛气凌人、目中无人的人则更容易抬肩架肘，气血上浮，也很难真正沉下来，达到气沉丹田。

（二）敬艺

"敬艺"是学习太极拳的第一要旨，太极拳的学习自始至终不离开一个"敬"字。

太极拳是中国哲学和武学之精华，它凝聚了无数人的心血和努力，不能等闲视之。心存敬意的重要性更在于：将自己处于低位，更容易领悟其中的奥妙和精髓，收到事半功倍的效果。人也只有心存敬意才能心无旁骛、专心致志。古代人练拳前要整装、漱口、洗手、焚香，以示其对武艺与传承的敬重，其意义也在于此。

"敬艺"也就必然要敬师。尊师重道是中华民族的传统美德。"师"代表着技艺的来源、传承、法脉，没有"师"，技艺就无法得到有效传承，而所谓的"道"也就落不到实处。真正的武艺都得之不易，是其一生精力的凝聚和结晶，不可能轻易授人。过去习武的人家中都要供奉"天地君亲师"牌位，学艺也要中间人介绍，通过拜师仪式、递帖、磕头成为正式的弟子，这既是对传承的尊敬，也是对道艺的敬重，更是对自己的尊重。

"敬艺"还要内敬己身，外敬同道。身体是道艺的载体，道艺是无形的，它需要借助有形的身体才能够传承和呈现，好的身体状态更容易使技艺得到彰显。保养好身体才能有效传承，也是深入高深境界的必备条件。反之亦然。因此，敬艺和敬己是不能截然两分的。每个人学习的阶段、目的、境域、投入时间精力不同，同门之间也应互相尊敬，共同提高，不能用最高标准要求别人，用最低标准要求自己。同道中人也要相互尊敬，不要妒忌、贬低别人，对其他拳种的评论一定要谨慎，不能轻易评论别人练得是好是坏，更不要存门户之见。任何拳种能够传承下来必然都有其存在的道理，其中内涵未必都是自己认知范围所能够理解的。世界之美，在于万物之不同，满招损，谦受益，多学习别人的长处，不评论别人的不足，自己也必然会受益。

敬艺还要做好道艺的传承工作。人求学是为了增长本领，提升自我认知，往上走；学成者往下走，则是为了传道。老一辈都有勿使这些传承了几千年的人类精神之精华止于我身、前辈之遗珍失于我手的使命感，为此四处奔走，寻找可"为往圣继绝学"的载道之人。

二、顺其自然原则

"顺"是中国思想中一个重要的人文概念，也是练习王其和太极拳的指导性原则。按照王其和一脉的理论，练习太极拳的重点就是遵循顺其自然的原则。太极是每个人本有的状态，只是因后来行为和用力、意识习惯等的差异，才导致这种状态被遮蔽而无法显现。练习太极拳的目的不是额外获取什么，而是要恢复自己的本然之能。太极拳名家陈鑫也曾说："吾身中自有本然之阴阳开合，非教者所能增损也，复其本然，教者即止。"又说："拳名太极，实天机自然之运行，阴阳自然之开合也，一丝不假强炎，强为者皆非太极自然之理，不得名为太极拳。"

王其和太极拳的"顺其自然"主要体现在以下几个方面。

一是身顺。太极拳（尤其是初期）"不要别着劲儿打（练）"，要求"顺着劲儿打（练），怎么顺怎么练"，"怎么舒服怎么练"，"如同走路一样"，这也是王其和太极拳"打（练）拳如走路"的体现之一。太极拳的诸多身法要领，如虚领顶劲、含胸拔背、沉肩坠肘等，其本质也是为了保障身形的"顺"。"身顺"也是劲顺、气顺的前提，只有身形顺，劲才能通达、气血才能通顺，而《太极拳论》说"行气如九曲珠，无微不至"也是此义。

二是劲顺。王其和太极拳练习每个动作都要顺势而起、顺势而行、顺势而落，动作之间衔接、过渡和动力链的传导流畅无阻，劲力能够顺其自然地滑过。手脚的屈伸开合非常随意、自在，遵循《太极拳论》"屈伸开合听自由"的要求，像是自主发动一样。王其和太极拳要求练螺旋劲，但也是顺着人体结构自然形成，而不是刻意拧自己，因为人体本就有左右对称的螺旋劲力链。

王其和太极拳有"开始人练拳，后来拳练人"的说法，指的是最初练拳时要通过学习路线、要求，使其符合法度。当熟练后，则通过"偏重则随"的方法，利用人体重力势能，顺着人体结构，借助地心引力和练习者的弹性势能带动身体自主运动，人不主观控制，如同不倒翁一样随之而动，劲与劲进行衔接，一个势能接着一个势能，《太极拳论》形容这种动力势能的传递为"如长江大海（浪），滔滔不绝""连绵不断"，这就如同钟摆，给它一个原初动力，它就开始摆动，出现卡顿时或内阻过大，停止摆动，就需要重新拨动。这种卡顿在太极拳上被称为"断劲"，一趟拳架从开始到结束，断劲越少，水平越高。

"劲顺"也是太极拳技击时的应用原则。在推手练习或技击中不要与对方顶撞，要舍己从人、顺势而为、引进落空，这也符合《太极拳论》"无过不及，随曲就伸，人刚我柔谓之走，我顺人背谓之粘"与"左重则左虚，右重则右杳；仰之则弥高，俯之则弥深；进之则愈长，退之则愈促"的要求。

三是气顺。这里的"气"包括三个方面：一是呼吸之气；二是气沉丹田；三是气血循环的顺达。

王其和太极拳要求自然呼吸，如同平时走路一样，一切听从自然，不人为刻意。人的呼吸是自主神经支配，它有自己的规律和节奏，其快慢、深浅与人体保持着一种内在平衡关系。而且，太极拳是螺旋运动，动作开中有合、合中有开，刻意的呼吸节奏很难与动作完全合拍，强行配合呼吸还容易胸闷气短。但自然呼吸也并非绝对不配合呼吸，而是当吸则吸、当呼则呼、当快则快、当慢则慢，一切顺其自然。气沉丹田也要顺其自然。王其和太极拳的"气沉丹田"是身法结构正确后自然形成的，而不是刻意控制呼吸、向小腹压气、鼓动小腹部或把"气"运送到丹田。这样不仅不能够气沉丹田，还会出现偏差。人体真正放松时自然会气沉丹田。

四是意顺。王其和太极拳以心神清静，精神内守，志闲而少欲，恬淡虚无，神安而不乱为宗旨，精神意识活动要顺其自然，不能太刻意，更不能强用心力。王其和太极拳有"打（练）拳如走路"一说，就是练太极拳时要如平时走路一样自然、自如，还把练拳称为"玩拳"，就是如孩童般，轻松自然、无拘无束地任意玩耍，不能用"严阵以待、一本正经"的刻板状态来练拳，"像闹着玩一样"（张占祥语），保持一种"身上不用劲，心里不想事"的状态。虽然王其和太极拳也讲"用意不用力"，但这种"用意"是一种非常轻灵、自然、身心合一的状态。在实际中，既忌强用力，也忌强用意。甚至可以说，用心、用意过度更为伤人，将其归为一种严重的错误，轻则头昏脑涨、胸闷烦躁，重则会引起血压升高、失眠等问题，这都是违反了道法自然的原则，用意过重所致。练习太极拳应遵循功到自然成的原则，强用心力、忌勉强而行、刻意追求，常守虚无之心才能得自然之道，如李道纯所说："用心用力妄大功，不用心力道自成。"人们期望的所有结果，都是条件具备后的自然呈现，是功到自然成的结果，达到自然轻灵、身心合一的状态时，自然能够由意带动全身，刻意追求则无异于揠苗助长，有害无益。

五是心境之顺。

总的来说，顺其自然是王其和太极拳的根本原则，也贯穿于王其和太极拳的拳架、内养、推手、技击，以及社会生活、待人接物之中。

在人际关系中也要遵从"顺"的道理，能够理顺各种关系就会畅通无阻，不顺就处处受阻。在生活中，也要顺其本然地生活，"素其位而行，不愿乎其外。素富贵，行乎富贵；素贫贱，行乎贫贱"，不怨天尤人，安于本命，怡然自得。

三、太极磨转原理

磨转是王其和太极拳中最为重要、最为独特的理念。王其和太极拳无论拳架、推手、散手、器械，还是内养功都讲究"磨"与"转"，有"逢动必沉，逢沉必转，逢转必磨""无磨不太极，无转不成拳"，"万理归于太极，万法成于磨转"之说。可以说，懂得了"磨"与"转"就能明白"不以拳脚论功夫，浑身处处皆是拳"的奥妙。

王其和太极拳的"磨转"理念源于《易传·系辞》中的"刚柔相摩，八卦相荡"和古太极图的"太极涡旋态"。在中国的思想世界中，万物由阴阳磨荡、转化而成。如清程良玉在《易冒》中说："两仪不磨，则万物不成。"

　　王其和太极拳拳架上讲究三盘相磨。所谓的三盘，即上、中、下三盘。三盘以上盘为用，中盘为主宰，下盘为根基。《太极拳谱》曰："退圈容易进圈难，不离腰顶后与前。所难中土不离位，退易进难仔细研。此为动功非站定，倚身进退并比肩。能如水磨摧急缓，云龙风虎象周旋。要用天盘从此觅，久而久之出天然。"这里所说的"天盘"又称"天地盘"，是古代术数六壬课的占卜用具。天盘在上以象天，地盘在下以象地，两盘中间有轴贯穿固定，天盘可以转动而地盘不能动，占卜时则转天盘视天干地支相配位置而起课。此处的"天盘"是比喻人体上下两盘相磨、相错的旋转，如"天地盘"一样，由下盘脚底的磨转带动腰胯，再由腰胯带上盘运动，以腰胯指挥手的方向之运动模式。

　　头顶百会是人体上盘磨转的中心。王其和太极拳上盘是以百会穴（实为"囟门"）为旋转的中心，当头部与肩转动可以引发状态反射，引起躯体肌肉张力的重新分布，进而带动肩与腰的转动，从而引领带动整个身体的转动。在动作转换过程中，通过留住后肩，再以前肩与头部的相向运动进而以斜归正，形成"磨肩"；后手向前伸时擦着前手小臂

◎ 六壬式盘 ◎

而出，前手的小臂则向后抽吸，两者如锉如磨，如来复线一样旋转而出，形成"磨臂"。

会阴穴是中盘腰胯圈磨转的中心。王其和太极拳内部有一句秘传的口诀，即"丹田内转两胯蹭"。由于会阴穴是人体螺旋的中心与沟通上下之枢纽。每当转身时下盘与上盘分为两层，如同磨盘相错，形成"磨腰"，而会阴穴如同磨盘的中间孔，腰旋转不已，而磨芯是不动的，即"磨转芯不转"。腰是人的总轴，有"腰如车轴，四肢如车轮"之说。传统讲"开寸离尺"，就是轴动一寸，轮就转一尺。太极拳的大、中、小圈形成以中轴为圆心的同心圆，人体内部空间越大，当角度接近零度的时候，圈几乎就成了同心圆，动力臂越长，里面的轴力也越大。太极拳之所以能够四两拨千斤，靠的就是中轴力。以腰脊的转动带动四肢运动就像自动变速箱中的齿轮，腰脊如同总轴，四肢关节如同齿轮，各个齿轮随着总轴转动，人是被轴撬着走，形成全身无处不成圈的螺旋运动。整个过程中，轮与轮之间的咬合和支点都很重要，关节相合，就如同齿轮咬合，其支点可以在肩，也可以在肘，但高手都是在腕上。所以，王景芳曾说："什么是四两拨千斤？就是手腕这么一转。"这句话当中就蕴含着同心圆、中轴力与支点互变的原理。

脚底涌泉是下盘的中心。王其和太极拳的变化全在脚底，有"脚底带腰胯，腰胯带全身，上下分两层，腰胯指挥手"之说，上盘旋转的方向、角度、指向的位置都是由实脚的磨转而来。脚底转动的动力则来自头与肩的旋转、上肢屈肘的角动量、腰胯向下的松沉，在力沉脚底的同时，通过拇指的内扣与脚跟内侧外碾形成的旋转圈，再借助脚底板与地面反弹力，由下盘带动中、上盘运动，两者互为动力。脚底的磨转与头顶的旋转、腰胯的旋转、相互套叠旋转，进而实现局部与整体的协同、耦合，进而达到触处成圆的目的。"开"时从脚底板的磨转作为旋转动力，由脚底的转动带动腰胯的转动，再由腰胯带动上盘的转动，相互套叠旋转而出；"合"时则相反。上盘的转动传导至腰，通过腰的磨转向心力再松沉到实腿，又进而带动实脚足掌磨转运动。同时，下盘支撑腿的出腿、开步也是旋膝旋踝，脚前掌与地面旋转相磨而出。

王其和太极拳的推手也被称为"盘手""磨腰"。之所以如此，是因为虽然称为"推手"，但推手并非单纯是手的运动，更不是用手去"推"，而是在腰的带动下，手随对方运转，两人腰如磨盘般相吸、相系，将对方与自己合为一体，以腰为轴，相互旋转、压缩，蹭着对方做同心轴旋转，所以称为"磨腰"。这个过程，既可以培养身体感知、引进落空、得机得势的能力，也是从拳架、功法练习向实际运用的转化和过渡训练的关键环节。

四、太极螺旋法则

螺旋劲是太极拳的本质，也是王其和太极拳的核心。王其和太极拳与其他太极拳的不同之处在于：王其和太极拳在武、杨两家的基础上，又将形意拳的拧裹钻翻、八卦掌的拧合扣摆融入其中，进一步凸显了太极拳的螺旋特质。

（一）螺旋劲的人体力学原理

如前文所述，太极图是一个螺旋图，从宏观的星云到人体的发旋、指纹、脉轮等都呈螺旋样态，显示其自相似性。按照现代混沌分形理论，分形与自相似性是宇宙普遍存在的规律，万物在不同尺度之间，个体以自相似性形成对整体的复制，而螺旋就是秩序与混沌之间的桥梁。

从表面上看，似乎宇宙空间的所有事物都在画圈，太极拳也如此，这些其实皆为螺旋。螺旋是三维立体运动，而弧、圈、圆，皆为螺旋的部分表现形式。而且，平面两维的圆，只能产生纯移动或转动的力偶效应，不能形成螺旋。想要形成螺旋，各力偶的作用面须不在同一平面，纵轴方向线必须与力偶作用面相垂直。所以，这个过程必须存在于立体的三维空间之中，需有沿纵轴的加速度与横向的旋转，如同用螺丝刀拧螺丝，既要有沿螺丝轴线平行向下的移动力，又要有沿作用平面转动的力。

王其和太极拳的螺旋劲是人体自旋角动量扭曲人体坐标形成的，是人体重力沿垂直轴纵向压缩与横向旋转形成的，是向心力与离心力的融合。人是立体的，百会穴是上盘旋转的中心，会阴穴是中盘旋转的中心，涌泉穴是下盘旋转的中心。

人体整体螺旋的中心在腰胯。两髋与尾骨形成一个三角结构，从人的头顶往下看，整个骨盆的构造是一个倒三角的"V"形结构。人的骨盆与腿之间形成的"V"形结构具有自旋效应。这种结构在双腿站立或马步状态下是最平衡、最稳定的，但当单腿站立时，身体任何一侧受力，这个平衡就会遭到破坏，导致站立不稳或失衡而跌倒。然而，这种"V"形结构是太极拳螺旋形成的必要条件。由于髋关节是杵臼关节，具有多向转动的功能，当单腿站立或只有一侧胯用力，另一侧放松时，就会导致向其中一侧转动；若实胯一侧向下、向前松沉，另一侧受到下面向上托的力，就会变成虚胯，并向上、向后旋。这个过程中，一边是上盘重力向下压；另一边是大地反作用力向上托，两个力共同作用在腰胯上，就会形成以两个腰眼（肾俞穴）为中心带动胯与肩的"X"对

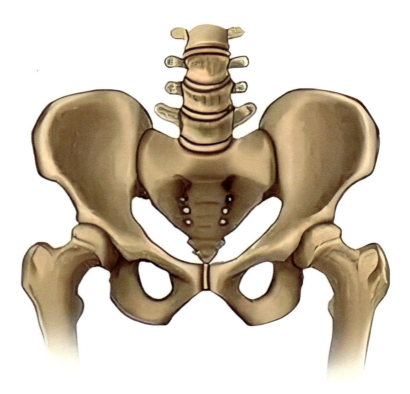

◎ 人体骨盆及周围结构 ◎

旋，产生旋转力。

　　"腰"也是螺旋劲形成、变极、放大的地方。在生理结构上，胸肋与骨盆之间的空间统称为"腰"。腰是人体的中盘，起着承上启下的作用，胸腰折叠如同枪膛内壁螺旋槽的来复线，是螺旋形成的关键部位。由于上盘的左右转动会在腰部形成一个旋转力，下盘的转动也会在腰部形成一个旋转力。在腰这个空间当中，只有腰椎是刚性支撑，其他都是柔性衔接。这样的结构更容易产生形变，而上盘与下盘之间的力，也更容易通过这个空间转换、变向、掉头。所以，历代太极拳家对腰都特别重视，如"刻刻留心在腰间""旋转枢纽在腰""变换在腰"，以及李亦畬的"紧要全在胸中腰间运化，不在外面"、陈鑫的"腰为上下体之关键，腰以上气往上行，腰以下气往下行，似上下两夺之势，其实一气贯通，并行不悖"等，都是在讲"腰"在螺旋形成中的重要性。

　　头部在人体空间中居于重要位置。虽然人的整体螺旋中心在腰胯，但向心螺旋的起点却是从上盘的头顶开始的。当人的头部左右平行转动时，会引起状态反射，而状态反射所形成的扭力会引发躯干、筋膜张力的重新分布，从而牵动肩胯的转动，进而实现整个身体的转动。所以，王其和太极拳的每个动作开始时，面部的位置不都正对动作完成的方向，而是向斜前方呈35°～45°夹角，在动作进行过程中再逐渐转正，就充分体现了这一原理。

　　上盘的两肩转动会形成力偶，如同汽车的方向盘一样。但双肩在平面上的转动只能产生纯移动或转动的力偶效应，无法形成螺旋。要想形成螺旋，就需要一个与转动面垂直方向的落差力。这就要通过松腰落胯与肩走鹰翻、沉肩坠肘、含胸坐腰、胸肋拧裹等相结合，造成一侧肩的下沉和另一侧肩的上升，两者落差就能引导上盘之力盘旋而下，进而形成向心螺旋，直达于脚底。

　　下盘螺旋的支点在于脚跟，起点却是在脚大拇指。王其和太极拳在每次转身、换步时，重心脚以足跟为轴心向内旋转，落脚时大拇指内扣，脚底以"碾、旋、蹬、扣、踩"之力向下挤压地面，地面借力。当脚底板下压地面并碾动，取得地面的反作用力之后，劲力从脚底沿着脚的内踝向外，从脚踝外侧盘旋而上，形成一个自下而上的螺旋，如同一个弹簧圈的形状。整个过程中，实腿脚大拇指内扣与内踝向外侧的"碾劲"特别重要，两者结合会在脚底形成一个螺旋上升的劲。当这股劲上传到胯时，圆裆与腹股沟内收相结合，使其从会阴处向中轴线旋转、汇合，并通过腰胯放大，沿中线向上螺旋而出。

王其和太极拳下盘螺旋的动力，既源于上盘的旋转和松腰落胯形成的动力势能，也源于脚底碾转和下压形成的旋转力；上盘的旋转力，既源于上肢屈肘收手时产生的角动量与左右共轭形成的力偶力，也源于下盘脚底磨转力的上传和腰胯转动的变极放大。这个过程中，上以百会穴为旋转中心、下以脚底为磨转中心、中以会阴穴为中心形成一个联动旋转，脚底的磨转之力，就像龙卷风一样，从下而上盘旋而出，上盘的转动力从上向下旋拧而下，又返回到脚底，进一步促进了脚底的磨转。按照王其和太极拳内部的说法，就是"能够将手上的劲沉到脚底，再将脚底上的劲掂到手上，就练成了"。

王其和太极拳的螺旋遵循的是同向合并、异向排斥原则，能够将人体立体结构之力从上下、前后、左右，几个方向统一起来，将大圈、中圈、小圈合一，并利用圆中之劲将八劲合一，把引化、发放统于一条直线中，通过腰胯旋拧而旋转出入，右边化则左边发，左边化则右边发。这也是王其和太极拳"引进落空"的关键所在。

王其和太极拳以古太极图的螺旋为指导，每个动作都是对太极螺旋图的再现与生动诠释。王其和太极拳每个动作都蕴含着对偶的立体螺旋运动，如同古太极图的中央旋极状态。只是在具体的招式、动作用法上，螺旋的方式略有区别而已。

现以王其和太极拳"揽雀尾"的第一动作为例，进行说明。通过头向上领、立腰竖项和松腰沉胯，重力势能向左脚底松沉并下压地面，进而形成头顶与脚底的对偶力；继而，右脚辅助支撑，左胯向下松沉，以左脚跟为轴，左脚掌微向上翘，左脚底顺着下沉之力向内扣，进而导致动量沿左腿外螺旋上传，向会阴穴集中。同时，圆裆松胯，以会阴穴为中心，右胯根随之向上抽，右膝上提，右腿顺势旋膝旋踝，右脚掌着地，顺势原地旋转；同时，顺势向右转腰，左手搭于右手腕脉门处，右手小臂顺脚底反作用力上升，右肘下坠，右手小臂顺势上掤，右手食指经过左眉梢，向右转腕、拨转，形成向外的离心旋转。继而，右脚迈出半步，重心逐渐前移到右腿；同时，右小臂上掤与含胸坐腰、左肋向内拧裹与右手屈肘下坠、左肩下沉与右胯内收上提相结合，左胯下沉，右肩隅微上提，就会形成向右的转动，进一步造成上盘和右手臂向右的加速离心；腰胯向下松沉、向右的转动与右肘向右的屈肘、坠肘结合，沿后背转动至腰裆形成向心螺旋。

这个旋转力，其中一支沿着百会穴、会阴穴的中垂线继续下传，通过松裆下传至左脚底，并顺势与原来左脚底的扣步、下压、磨转相融合，复又从左脚底反弹而上，进一步造成腰胯向右上的加速旋转，复又回传到右手；另一支左胯继续下沉与右肩的上提相结合，形成向右的旋转，右手通过腰与脊背的旋转，将左肋向中线拧裹之力与右肘下坠之力相合成力偶，转到左手上，继续向右旋转推进，并通过右手腕的接触点回传到右手。这个过程中，还有一支就是右手小臂的自旋：即右手小臂桡侧向内旋、尺侧向外旋拨转，形成一个阴阳的转换，而右手小臂桡尺骨旋转过程与人体整体的旋转相合，两者同步、同频，四者合而为一。这个动作整体上是"右入左出"，即右侧向心螺旋，左侧离心螺旋，两者结合就形成一个完整的太极螺旋图。

再以王其和太极拳的"单鞭"为例，进行说明。"揽雀尾"结束后，力向右脚底松沉，立腰竖项，左脚随之跟步，并下压地面与头顶上领之力形成对斥力。随之，左脚向右后方撤步，左腿辅助支撑。第一支力：右脚掌微上翘，以右脚跟为轴，顺着松腰形成的下压之力向内扣，并下压地面，进而形成向心旋转的拧劲，使脚底之力沿右腿螺旋（向心）上传；两手借助脚底的反作用力与向左转之力顺势上掤，于胸前呈十字手，左手在外，右手在内。第二支力：上动不停，两手在上掤过程中，右腰眼、右胯下沉与左肩隅微上提、右肋向内拧裹、左手小臂随腰背顺势向左旋转，左手屈肘下坠与含胸坐腰相结合，将左侧来力吸收，并与向左、向后转腰相合，加速向左的旋转，使上盘和左手臂向左的旋转（离心）加速。第三支力：上盘的旋转力随着腰裆的松沉，沿中垂线传至右脚底，与原来右脚底的扣步、下压、磨转相融合，进一步促使右脚底之力上返，造成腰胯向左的加速旋转（离心），并回传到左手。第四支力：左掌与右掌向右后下方划弧的下按之力反向相衬，左掌根与右脚跟的蹬撑之力反向相衬、右手向右后下方下按与腰向左转反向相衬，三者同时，如同游泳划水，进而将脚底下的劲又回传到左手。第五支力：左腿向前转移重心的过程中，左手小臂同时也在做桡骨向内、尺骨向外的旋臂拨转，左手小臂的旋转与人体整体的旋转同步相合。在整体上，这个动作是"左入右出"，即左侧向心螺旋，右侧离心螺旋，形成了一个太极螺旋图。

（二）螺旋形与螺旋劲区别

螺旋形与螺旋劲两者之间存在区别。相对来说，螺旋形是螺旋外显的形式，是可见的，像牵牛花、拧毛巾一样，容易理解；螺旋劲则不是外部形态上的螺旋，而是发出去的劲力是螺旋的，是无形的、难以理解的。

从太极螺旋图上可以看出：太极螺旋图的形态是在一个圆内的双螺旋结构，而圆的半径和圆周是不动的，是内部的螺旋圆运动。螺旋形则不同。我们看到的螺旋形结构，如拧麻花、拧毛巾，以及牵牛花藤蔓的螺旋路线，整个外形是拧着的。螺旋劲是螺旋的劲力形式，螺旋形的形变方向和螺旋劲的劲力方向是相反的，是反作用力的效果。

（三）太极螺旋与人体物理性架构

1. 单轴旋转

螺旋的前提条件是单轴。王其和太极拳要求重心只能放到一只脚上，形成百会、会阴、涌泉三点一线。若两脚或两胯同时用力，便是"双重"。"双重"是太极拳的大忌。因为任何螺旋或陀螺的旋转只能有一个中轴，如果同时出现两个轴，就无法转动。王宗岳《太极拳论》所说的"偏沉则随，双重则滞"，就是一旦"双重"，就会出现卡滞，自身运转不灵，也就无法有效化解对方的来力。这也是太极拳忌讳"双重"的原因。王宗岳说："每见数年纯功者，不能运化，率皆自为人制，双重之病未悟耳！"人体的两条腿，如同圆规的两条腿，在单腿支撑身体重心的情况下，当身体失去重心时，通过腰眼形成"X"互换就是太极拳避免"双重"的方法。当然，"双重"不仅针对自身运动时的螺旋状态而言，避免"双重"才能在双方对抗时顺从对方而动，不与之顶撞，其目的是保障向量螺旋的有效进行。

2. 结构稳定

王其和太极拳要求"守规矩""合规矩"，就是要保持人体物理性螺旋架构的相对稳定，以及在运动中不变形。站桩是为了建立这个物理性结构；练习拳架是为了在动态中仍然能够保持这个结构；推手的目的在于，当人体受到外力时，仍然能够保障这个螺旋架构不变形；散手则是这个螺旋架构的具体运用。

整个过程中，保持膝关节稳定、内扣和实脚拇指内扣，以及掖胯，对螺旋的形成至关重要。膝关节是稳定关节，如果实腿膝盖出现晃动、外摆或翻拧，不仅会影响螺旋的形成，无法圆裆、掖胯，而且还会损伤膝关节。脚拇指之所以重要，是因为它的内扣会带动膝盖往里扣，进一步带动大腿内合和胯向内掖，形成向内的旋转。如果实腿脚拇指掀起或外展摆成"外八字"的形状，就会影响膝关节的内扣和掖胯，导致整个螺旋遭到破坏。所以，王其和太极拳的整趟拳架，脚都是向内扣的，很少出现脚尖外展或膝胯向外旋的动作，原因就在于此。这个过程中，腹股沟也不能向前挺，挺胯会造成髋关节的卡滞，也会影响其灵活性和动量的传导，以及重心的稳定。

王其和太极拳有练拳开步"如裹脚女人走路"之说。之所以这么说，一是因为女人缠足后，为了正常站立行走，两腿内侧及骨盆肌肉需经常绷紧，会阴肌需上提；二是因为裹小脚会导致重心不稳，出步时需要小心谨慎，且裹脚女人主要靠大脚趾着地，出步时需要脚往腰裆内扣的劲。练太极学裹脚女人走路是为了做到腰裆用力、会阴肌上提（即"吊裆"）及更好地旋腰转胯。

3. 松柔原则

太极拳的螺旋运动是通过关节腔和关节腔之间的骨缝，以连杆传动和滑动方式形成的。这个螺旋是顺着关节腔滑动，依次传递进行的，如同庖丁解牛一般。要做到这些，首先要通过松柔训练，使关节腔周围缝隙加大、关节腔润滑液增多、关节膜润滑度增加，这样动力链的传递才能流畅。同时，精神意识的放松是人的肌肉、筋膜、关节放松的前提，而且要下意识放松，这种松柔要通过训练形成本能。因为一旦紧张，就会出现关节卡滞，整个螺旋就无法再进行下去。

4. 舍己从人

太极拳是以转动形成的阴阳共轭力偶运动，而不是求快、求狠的拳术。太极拳"舍己从人"本质是要顺从螺旋的作用。双方接触时，舍弃与对方进攻一侧的顶抗，而是顺从并吸收对方的力，形成向心螺旋的下"吞"之势，使其落空或转化；转化的力通过另一侧螺旋转回给对方。如果不"舍"得丢掉自己的一边，就会出现卡滞，整个螺旋法则就无法发挥作用。

5. 心意引领

太极拳有"意气君来骨肉臣"和"用意不用力"之说，王景芳也曾说"太极拳纯是意行"，"太极拳用的是意，用力打人不算拳"。太极拳的"用意不用力"也并非完全等同于现代体育运动技能形成四阶段论的"动作自动化"阶段，而是一种意识引导下的人体势能、动能转化运动，两者原理并不相同。

之所以如此，从本质上来说，是因为意识是人行为的先导，人体是刚体和柔体的结合，其方向、大小有多种可能性和组合形式。而太极拳的螺旋是一个活性螺旋，会随时、随机而变换大小和方向。太极拳所谓的"牵动四两拨千斤"，就是所用之力能够保证螺旋有效完成即可。人体的螺旋运动是在意识的引导和协调下，由四肢百节协同运转实现的。如果局部地、主动地用力，顺序不对，就会破坏向量劲力的形成，不能顺从力而动，也就感受不到整体螺旋力的存在。

但太极拳的"用意不用力"是要发挥意识的引导作用，并非真的完全没有力量。相反，这种"不用力"需要较高的身体素质和核心力量的支撑才能完成。因为太极拳是在人意识的指挥下的复合杠杆和螺旋运动，这种高度自动化的动作需要足够的力量、协调平衡等综合身体素质才能完成。如果离开了人心意的引导，纯粹的物理性螺旋技术就不能发挥作用；同样，如果没有身体素质和螺旋、杠杆等技术的支撑，太极拳"用意不用力"就会沦为主观的臆想。

王其和太极拳的医理

医理是王其和太极理论体系中的重要组成部分。王其和太极拳的拳理源于《易经》，它与《易经》《周易参同契》《黄帝内经》之理是一脉贯穿的。

一、人身太极

王其和太极拳是用《易经》来指导拳理、医理的。《易经》最大的特点是天人一体观，有"人身小天地，天地大人身"之说。

人体本就是一个太极体。人有中脉类似于地球中轴，人体会阴穴与百会穴则类似于地球的南北极；地球有地核，人体有丹田。王其和太极拳第三代传人张占祥曾说："人的两个腰眼（即左右两肾俞）就相当于双鱼太极图中的黑白点。"秦越人《难经·八难》曰："诸十二经脉者，皆系于生气之原。所谓生气之原者，谓十二经之根本也，谓肾间动气也。此五脏六腑之本，十二经脉之根，呼吸之门，三焦之原，一名守邪之神。故气者，人之根本也，根绝则茎叶枯矣。"《难经·六十六难》曰："然：脐下肾间动气者，人之生命也，十二经之根本也……主通行三气，经历于五脏六腑。原者，三焦之尊号也，故所止辄为原。五脏六腑之有病者，皆取其原也。"《难经·三十六难》曰："命门者，诸神精之所舍，原气之所系也。"从上述文献中可以看出，"肾间动气"是指两肾之间所藏的生气，它源于两肾，系于脐、命门，藏于脐下气海之中。如唐杨玄操注《难经·六十六难》时就说："脐下肾间动气者，丹田也。"

"肾间动气"是任、督、冲、带四脉的发源地，"肾间动气"犹如河流的发源地，任、督脉相当于长江、黄河，而其他经络犹如大小不一的各种河道。"肾间动气"出来后，即循人体的中轴线，贯通于人体的

◎ 人体两肾太极图 ◎

上、中、下"三焦"，遍历五脏六腑和全身经络，滋养全身后，又归于气海。

中医认为命门与两肾藏着人的先天元气，乃一身之太极。明代孙一奎、张景岳、赵献可等多位医家都提出命门为人身之太极的理念。苌乃周在《中气论》中说："中气者，即仙经所谓元阳，医者所谓元气，以其居人身之正中，故武备名曰中气。此气即先天真乙之气，文炼之则为内丹，武炼之则为外丹。然，内丹未有不借外丹而成者也。盖动静互根，温养合法，自有结胎还元之妙。俗学不谙中气根源，惟务手舞足蹈，欲入元窍，必不能也。人自有生以来，禀先天之神以化气，积气以化精。当父母构精，初凝于虚危穴内，虚危穴前对脐，后对肾，非上非下，非左非右，不前不后，不偏不倚，正居人一身之当中，称天根，号命门，即《易》所谓太极是也。真阴真阳，俱藏此中，神实赖之。"太极拳家陈鑫也说："中气何归？归于两肾。"

太极拳《十三势总歌》曰："命意源头在腰际，变换虚实需留意……刻刻留心在腰间，腹内松静气腾然。"这高度概括了腰腹部气机生化调节。

太极拳在左旋右转的过程中，以两个腰眼为中心走"S"线，形成两肾的对旋、升降运动，启动命门太极，进而达到调节全身经脉运行的作用。

二、颠倒坎离

古人认为，天地是一个大宇宙，人体是一个小宇宙，人身虽小却与天地造化同途。

在《易经》与《周易参同契》中，先天之乾坤，于人为性命；后天之坎离，于人为身心。先天八卦乾卦位于上，坤卦位于下，离卦在左，坎卦在右。变为后天八卦后，位置就发生了变化，即乾卦从上移到西北、坤卦从下移到西南；离卦从左移到上，坎卦从右移到下。在人体上，先天乾卦为首，人的下腹部为坤卦，人出生后变为离卦在上，坎卦在下，这也被称为"乾坤移位"。古人认为，人要归根复命就要颠倒坎离，复其正位。太极拳的上虚下实正是古人总结出的颠倒坎离、水火既

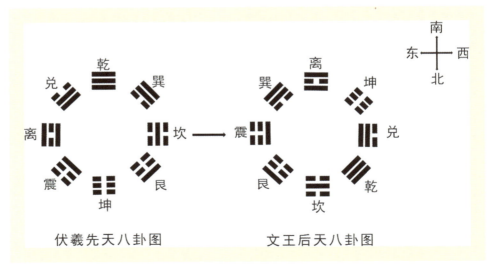

伏羲先天八卦图　　　　文王后天八卦图

◎ 先天八卦与后天八卦图 ◎

济的方法。

天地之气上下相去八万四千里，天气下降、地气上升，冬至阳生而上升，夏至阴生而下降，阴阳升降，不出八万四千里，往来难逃三百六十日，其中识阴阳而知温凉寒热四气、明八节而通天地之升降，一升一降两气相交而生人生物。人同天地，以身外比太空，以心肾比天地，以气液比阴阳，以子午比冬夏。天地之间清气上扬，浊气下沉，人体之内也是清气上升，浊气下降。天地阴阳升降，比喻心肾气液交合之法。天地相距八万四千里，心肾相距八寸四分，绛宫以上为天、为心；肚脐以下为肾、为地。心肾之间为中宫黄庭，虚无之窟，是心肾交媾之所，亦为人身太极旋转之枢纽。

古人还常借五行来说明事物之间的相互关系。在五行中，火性炎上，向上发散；水性润下，向下流走，这是物性之本然。但只有相互制约，才能使事物发挥作用。《易经·未济》说："火在水上，未济。君子以慎辨物居方。"《易经·既济》则为火下水上，相较于火性炎上、水性润下的常性，水火的位置发生了颠倒。火在上、水在下的结构都无法发挥作用，只有颠倒水火，变"水火不容"为"水火交融"，才能形成循环，就好比烧水或救火时，火下水上才能够发挥作用。

古人认为人体之中也藏有水火之象。人体的肾纳水象，而心纳火象，离卦为属"火"，为心、藏神；"坎"卦属"水"，为肾、藏精。道家认为，人出生前为先天，人出生时剪断肚脐，肺功能启动为后天。人出生后由先天状态变为后天状态，但婴幼儿时期还部分保持着先天特征，如自然的腹式呼吸、背是直的、舌自然抵于上颚、手是握固的手型等。人成长发育过程中，为了适应地球的重力环境，满足直立行走维持重心的需要，逐渐形成了脊柱曲度，呼吸也变成了胸式呼吸，舌头也不再抵着上颚。

现代进化论认为，人挺胸、塌腰、胸式呼吸方式是人从爬行到直立进化的结果，是为了应对重力做出的调整。但道家认为，人挺胸、塌腰、胸式呼吸，并不是先天本能和自然结构。这种结构会形成一种"上实下虚"的状态，上部气血降不下来，下部的返回受限，上下不能很好地交通，如此水火升降就会失序，进而造成上热下寒、上实下虚，主要症状有头重脚轻、总是上火、血压高、耳鸣牙痛、失眠多梦、心律失常、喘息、腰膝酸软、身冷骨寒、血糖高、遗精梦泄等。从中医学的角度看，这种火上水下的状态对应的《易经》卦象是"火水未济"，火停留于上而上攻心肺、头部，就会引发心脏、脑血管、精神等方面的问题；坎水不升，向下沉降，就会引发遗精梦泄、腰膝酸软等疾病；水火不相济，阴阳不归位，心肾不相交，就会造成头重脚轻、失眠多梦、血压升高、抑郁等问题。要想改变这种上实下虚的结构，就要颠倒坎离、交通水火，变"水火未济"为"坎离既济"。

王其和太极拳"上虚下实"的要求中也含有中医水火相济和道家颠倒水火的逆修原理。根据《周易参同契》，水火相济是道家理论的关键部分，心火下降的通路在心窝口的"绛宫"，肾水上升的通路在"尾闾"。此外，心火要下降，水要升腾，还必须有一个推动力量，如张伯端《悟真篇》所说："自知颠倒由离坎，谁识浮沉定主宾？"这个关键力量在于横膈膜。横膈膜前方位于胸骨柄之剑突的（"绛宫"），后方的弓状韧带连接第一至第二腰椎（"命门"），膈肌也与肾脏的部分筋膜相连。横膈膜不只协助呼吸，也是气机升降的关键。横膈膜的上升与下降，是驱动呼吸的主要引擎。由于降主动脉从横膈膜中穿过，横膈膜中心腱又与心包部分相连，呼吸时横膈膜的运动可以促进心脏搏动，带动气血运行。这个理论在现代急救"腹部提压心肺复苏（AACD-CPR）"中也可以得到部分印证。水火相济、心肾相交需要通过呼吸来完成，呼吸带着心的能量下行，与肾的能量汇合，形成水火相济。但需要注意的是，要实现王其和太极拳"水火既济"的状态，不是依靠想象或意念引导，而是依靠身法激活膈膜来完成。

王其和太极拳在行功走架中，通过"含胸"使心窝口（"绛宫"）放松，肺气压力下行，引带心力下行，心火下移，离火进入下丹田，而坐腰、尾闾内收又使得膈肌下降幅度增大，心肺之气可随之降至命门，呼气时膈肌回弹，可引动肾气上升，继而颠倒坎离，使得心火下移，肾水上升，心肾相交，进而浊气下降，清气上升，变"上实下虚"为"上虚下实"。这时候，绛宫（胸际）空空洞洞、虚灵开阔，丹田充实温暖，使水火逐渐交融，浑然一体，形成了太极拳描述的"腹内松静气腾然"之状态。

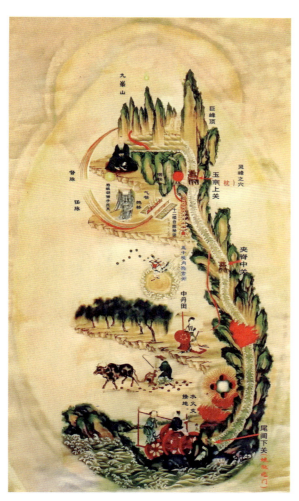

◎ 人体《内经图》◎

太极拳的静与身心健康存在重要关联。王其和太极拳通过上虚下实，使气息归元，水火互济，从而让人们从思绪纷呈、杂念丛生的心态中解脱出来，返回到恬淡虚无、物我两忘的"无极"状态，以归根复命。这也是周敦颐《水火匡廓图》的重要一环。

太极拳中的心与息相守于丹田也属于水火既济之功。通过精神内敛，心与息相守于丹田，耳听于气穴，心守于气穴，调息于气穴，如《道言浅近说》所述："调息不难，心神一静，随息自然，我只守其自然，加以神光下照，即调息也。"丹田乃人身水火相济，氤氲生化之重地。心意轻轻跟随气息出入，绵绵密密存于丹田，如鸡之孵卵，形成心肾相交、坎离既济，即吕喦所说的"壶中配坎离"。

◎ 周敦颐太极图 ◎

按照道家的原理，妄念不止，一是因为肾水太弱，无法制约心火，进而心火妄动；二是因为心火不能下降，神气不能归元。《老子》"虚其心，实其腹"的"虚"可以理解为精神意识上虚无状态，"实"则可以理解为气入丹田或胎息状态。如吕喦所说"养气忘言守，降心为无为"，如果人真的能静下来，肾水自然而生，肾水足才能坎离既济，而妄念停止，自我调节机制便会自动启动，身体就会自动开启自我修复功能，如《黄帝内经》所说："恬淡虚无，真气从之，精神内守，病安从来。"

三、心息相依

王其和太极拳的上虚下实、含胸、坐腰、气沉丹田也是聚气之法。古人认为，人出生前是胎息，出生后开始依靠肺呼吸，但仍保留自然的腹式呼吸。随着人的生长发育，逐渐变成了胸式呼吸。

习练王其和太极拳身法的目的之一就是恢复人的先天本能，重启丹田呼吸。丹田是元气贮藏之所，脉之总汇。启动命门、神厥与会阴的黄金三角区，是太极拳走向正确轨道的开始。杨澄甫说："丹田在脐下寸余，即小腹处。一身元气总聚此地位，行功如气海发源环流四肢。气沉丹田，身与气不偏倚，如偏倚，如瓷瓶盛水瓶歪倒，则水流出矣。丹田偏倚，则气不能聚矣。此说佛家称舍利子，道家为炼丹。如此练法，气壮多勇。功久，外有柔软筋骨，内有坚实腹脏，气充足，百病不能侵矣。"一旦丹田呼吸启动，就会由腹式呼吸影响肺的呼吸，胸式呼吸反而变得不明显，如同一周岁以内婴儿的呼吸方式。所以，这种呼吸也被称为"胎息"。明赵台鼎在《脉望》中说："呼吸真气，非口鼻呼吸也。口鼻止是呼吸之门户，丹田为气之本源，圣人下手之处，收藏真一所居，故曰胎息。"

黄元吉说："学人下手之初，别无他术，惟一心端坐，万念胥捐，垂帘观照，心之下、肾之上，仿佛有个虚无窟子，神神相照，息息常归，任其一往一来，但以神气两者凝注中宫为主，不顷刻间，神气打成一片矣。于是听其混混沌沌，不起一明觉心，久之，恍恍惚惚，入于无何有之乡焉。斯时也，不知神之入气。气之归神，浑然一无人无我、何地何天景象，而又非昏聩也。若使昏聩，适成槁木死灰。修士于此，当灭动心，莫灭照心，惟是智而若愚，慧而不用。于无知无觉之际，忽然一觉而动，即太极开基。须知此一觉中，自自然然，不由感附，才是我本来真觉道家谓之玄关妙窍，只在一呼一吸之间。其吸而入也，则为阴、为静、为无；其呼而出也，则为阳、为动、为有，即此一息之微亦有妙窍。人欲修成正觉，惟此一觉而动之时，有个实实在在的的确确，无念虑，无渣滓，一个本来人在。故曰：天地有此一觉而生万物，人身有此一觉而结金丹。"通过精神内敛，上眼睑下垂（垂帘），让外光反射到鼻梁根处，把心意定在双目中心，闭目内视祖窍穴，即"神宜内敛"，用二目交集之光相照于脐下丹田中虚空之处，始终守于丹田，耳听于气穴，意守于气穴，调息于气穴，绵绵密密存于丹田。张三丰在《道言浅近说》中说："心止于脐下曰凝神。"又说："凝神者，收已清之心，而入其内也。心未清时，眼勿乱闭。先要自劝自勉，劝得回来，清凉恬淡，始行收入气穴，乃曰凝神。"

四、周天循环

王其和太极拳的上虚下实、含胸、坐腰也蕴含着大小周天的运行之法。

丹田是人之元气贮藏之所，脉之总汇。人体的经脉系统如同供暖系统，下丹田如同锅炉，丹田气满就会灌注周身气脉。如杨澄甫在《太极拳使用法》中说："气能入丹田，丹田为气总机关，由此分四体百骸，以周流全身。"丹田气足之后，穿过尾闾上升，沿背部夹脊而上达玉枕，经过头顶到达面部，即所谓的"黄河水逆流"；一股：从大椎穴分开，沿手外侧到达指尖，返回胸部；另一股：从丹田沿大腿前内侧下行到达脚底涌泉，从涌泉上翻，沿大腿后侧上行，至尾闾与督脉相合；吸气时，从指尖沿两手臂内侧到胸前与任脉汇合，经过上鹊桥至任脉，经绛宫继续下行，回归于下丹田。如此循环往复，达到"气遍身躯不稍滞"。

大小周天是畅通周身之法。任、督二脉为人身之乾坤，任脉是阴经之海，督脉是阳经之总汇，人能通此二脉，则百脉皆通。王其和太极拳通过身法调整呼吸，胸中真气沿任脉下行入丹田，并以这种呼吸开合运动带动全身筋膜的开合、升降。吸气时，动作回收，肚脐向命门微收，含胸坐腰牵动会阴穴向命门收合，收到终点时，恰好将气吸足；呼气时，动作外开，肚脐还原，同时气下沉关元，胸膈膜略微下降，手到终点时正好把气呼足，关元也微微向外鼓荡。如此一呼一吸反复循环，激活神阙穴深部的经络网，起到调节人体整体功能的作用。按照中医理论，手内侧是手三阴、外侧是手三阳，足内侧是足三阴、外侧足三阳，大小周天运行能够促进气在任、督、带脉的循行，激发奇经八脉，促进人体远端循环，畅通十二正经。

但王其和太极拳的大小周天运行，依靠的不是意识诱导或者静坐聚气，而是通过含胸拔背和腹压的变化，以人体动力势能带动大小周天的循环升降。每当动作向前运行时，内气自丹田开始，一股自尾闾向上，沿背后三关向上运行，带动身体微前倾，三关展开，产生拔背；动作还原时，通过顶头、立腰、竖项，脊柱弹性回收，又重新回到原来状态，这时，气沿任脉而下，回归丹田。如此循环往复。这种腹式呼吸与肺的结合方式，无论是吸还是呼都要求气沉丹田，如同手拉"双动活塞式风箱"，当风箱杆向外拉时，一半风从进风口吸入，另一大半仍要将气通过出风口吹进灶火膛内；当风箱杆向里推时，从进风口吸气，另一半风口仍吹向灶火膛内。所以，王其和太极拳的呼吸，既不是一般意义上的胸式呼吸与腹式呼吸，也不是一般意义上的逆腹式呼吸，而是另一种呼吸方式，即"牵动往来气贴背"。

此外，王其和太极拳每个动作中都含有合裆、合胯与扣尾闾的动作，即"剪子股"，这是吸收了八卦掌缩臀、尾闾向前兜扣的练法，不仅可以使动作轻灵，增加整体力，还可以封住海底，以炼精化气。

五、结构重建

（一）接骨斗榫

斗榫是中国古代建筑中榫头和卯眼互相咬合、完美承接的榫卯结构。人发生骨折或关节脱臼时，需要先将两端对齐并理顺周围的筋（包括血管、神经、韧带），使断骨俨如木工接木斗榫一般完好如初。王其和太极拳以接骨斗榫，比喻对筋骨结构的重塑。

动物脊柱基本上都是横生的，横生的脊柱每个椎体所受的重力相对均匀。人则不同。人的脊柱是竖起的，椎体从上到下受力依次增大，而且竖起的椎体也更容易被旋拧，造成错缝、错位，进而导致周围的神经、血管、经脉受到卡压、出现通路障碍。所以，王其和太极拳学习初期需要反复"捏架子"。所谓的"捏架子"就像捏面人一样，按照骨节相对和节节贯穿的原理，来调整人体骨节、骨架和筋的位置，将歪斜、旋拧、离位、错缝的骨节调正，让出槽的筋归位，实现劲路、血路、气路三者的通畅。这个过程，是对人体骨架结构的重建，它可以使骨节以节节贯穿的方式对齐、摆正，如接木斗榫一般，使骨节之间互相咬合、完美承接，这就如同射箭，要想箭射得准，首先弓体自身的力学结构要正。王其和太极拳有"功夫是从捏架子中出来的"一说，而能否给别人"捏架子"也是考察一个人是否掌握太极技法的重要一环。这个过程中，一些隐性疾病还可能得到治疗。很多人有腰痛、腿痛、颈椎病等问题，通过练习太极拳而恢复了健康，原因也在于此。

腰部在整个骨架结构重建中具有重要作用。在人体结构上，腰部是一个比较薄弱的部位。人站立或劳动时，腰部往往承受着巨大的压力和旋转应力，处置不当，易引发腰腿痛等一系列问题。脊柱是人体的龙骨，不仅脊髓神经从中间穿过，内脏也都悬挂其上。它既是蓄力、发力、传导的关键部位，也是人体的信息高速公路。筋骨正，脊髓、血管、神经就不容易被卡压，气血、神经信号、劲力就通畅，更容易上通下达。王其和太极拳无论站桩、走架、推手、静坐都要求身端形正，不得前俯后仰，左歪右斜，其意义也在于此。

骶骨是整个脊柱的底座。尾闾、丹田、命门是人体的黄金三角，搞清楚尾闾金三角，太极拳才能真正走向正轨。太极拳《十三势总歌》曰："尾闾中正神灌顶，满身轻利顶头悬。"尾闾放正，顶劲领起，腰脊就容易正直，椎体间隙受力就均衡，气血便会畅通。尾闾也是人体的扳机点，尾闾一动，全身的气机便会发动。

（二）骨正筋柔

人体骨架、脊柱是依靠全身筋膜系统形成的一个张拉整体。骨与筋膜、内脏之间相互关联，肌筋膜就像纵横交错的经纬线，形成一个张力平衡网，保证身体各部位的平衡。筋膜对各种组织、结构、力线发挥支撑作用的同时形成了筋膜链。当人处于受寒、受惊吓、用力不均、得病等状态时，组织张力发生改变，筋膜受力不均，甚至褶皱、旋拧、挛缩，进而压迫周围的血管、神经、淋巴，出现关节活动受限、循环障碍等问题。

王其和太极拳在"捏架子"或行功走架的过程中，通过不断调整人体骨架，调节肌筋膜之间的力线关系，改变这种结构，把旋拧、歪斜、离位、错缝的骨节调正，使出槽的筋（包括血管、神经、肌腱）归位，理顺筋、骨、脉，使其符合力学结构，舒展褶皱、粘连的筋膜，恢复血管的弹性，进而打通劲路、血路、气路。同时，王其和太极拳的拳架，以夹脊为中心，以头顶与脚底为两端，带动全身形成的对称的作用力与反作用力，进而以全身骨节的开合，带动脊椎上下筋膜的抻拉，人体筋膜如同橡皮筋一样反复伸缩，进而达到调整筋膜张力网的作用。这个过程中，尾闾与地面垂直，缓解脊柱"S"线上受的力，骨缝产生小的伸展，椎体间的空隙增大，这能够调整脊柱不正常的曲度，矫正"筋出槽，骨错缝"的筋骨病问题，使劲路和力线顺达，影响相关的脏腑、经络，产生"治一好三"的联动效果。

（三）气血通畅

王其和太极拳主张利用作用力与反作用力带动全身气血循环。王其和太极拳习练中要求利用重力对脊柱的影响，解除几个主要受力卡压点，实现重心相对下移，形成上虚下实的结构。

上虚下实后，人体的卡压点得到解除，胸腔心肺的压力得到释放，胸腹腔上下压力更加均衡，进而形成缸体效应，胸膈膜上下活动范围增大，使得脏腑之间活动空间增大，肺的通气量增加，呼吸也会由胸式呼吸自然转变为腹式呼吸。而且，横膈膜一动，全身皆动，加上太极拳需要胸腹腔的不断左右压缩、旋转，可以增进脏腑的功能。同时，由于腹内压调整，末端的气血也能够迅速回流，使循环得到改善。很多静脉曲张、前列腺肥大等疾病，因练太极拳而得到缓解或痊愈，原因也在于此。

六、三病九害

练太极拳要知三病九害。

三病，即"努气""努力""努意"。过于勉强称为"努"。"努气"是憋着气或故意配合呼吸的节奏；"努力"是刻意蛮练，不能松柔轻灵，与太极拳的要求背道而驰；"努意"就是用意过度，太极拳应顺其自然，用意过度会导致虚火上升。滞于何处，何处为病，轻者心惊肉跳，重者攻心疼痛，更有甚者还会结成疮毒诸害。

九害：挺胸、塌腰、翘臀、耸肩、架肘、跪膝、抬下颌、着相、表露。

人体最常见的劲路卡点或堵塞处有九个。

上肢：肩、肘、腕；下肢：踝、膝、髋；中间：胸、腹、臀。

挺胸：心窝以上为胸，胸不可挺，挺胸则心气无法下降，就会横气填胸、暴躁易怒、上重下轻。

塌腰：全身劲力会失去主宰，无法气归丹田，丹田之气也无法沿督脉上行，还会引起腰椎、生殖泌尿等方面的疾病。

翘臀：其劲会打向胸口，进而引起胸闷、心悸、咳嗽、咳血等问题。

耸肩：导致气浮于上，无法下降，口干舌燥，脚下无根。

架肘：导致胸膈膜上提，劲力滞留于上，呼吸喘急。抬下颌：任督脉无法交通，气无法沿任脉进入丹田，进而滞留于头、胸部，引起头晕、眼胀等问题。

跪膝：导致支撑点移位，全身劲力涣散，无法形成整体力。

着相：即执着于某一拳架的外在形象或刻意练成某种样态，为形象、阶段所障。

表露：太极拳是内求之术，气向内敛，如同睡觉、静坐的精神状态。太极拳以心神清静、恬淡内守、神安不乱为宗，如果存在表演意识，就难以收敛，继而沦为哗众取宠之术。

第五章

王其和太极拳的拳架与技理

拳架相关事项

　　王其和所传太极拳架是王其和最重要的心得成果，集中体现了他的技法来源、改进之处、劲法特点，也体现了他对太极拳艺的理解与智慧。该拳架既是王其和留给后世的宝贵文化遗产，也是王其和太极拳技艺的独特之处，更是王其和太极拳区别于其他太极拳流派之关键点。对原传拳架的忠实继承和坚守，也是非遗传承的核心要求。

　　1. 拳架是用来模拟劲路的，是理解劲法搭建的桥梁，通过有形的拳架变化可以理解无形的劲路变化，感知劲与劲之间的相互衔接、转化、融通。没有拳架就无法达到懂劲之目的。

　　2. 本书介绍的拳势用法，是为了更好理解太极拳劲法与劲力走向，实际运用需要通过推手、喂劲等反复训练才能实现。而且，实际应用中，当化、当发应根据客观情况而定，无固定限制。拘泥于招式、招法，无疑是作茧自缚、画地为牢。

　　3. 王其和太极拳以螺旋劲为核心，每个动作都是对古太极图的再现，只是具体到每个动作时，表现形式略有不同，前文已举例说明动作的"螺旋原理"，其他动作原理相似，后文不再赘述。

　　4. 王其和太极拳每个动作所蕴含的易理、医理、拳理是相通的，只是在不同拳势表现略有不同。前文已对其原理进行详细阐释，后文不再赘述。

　　5. 王其和太极拳原传拳架被称为"六十四势"，它是按照《易经》的"六十四卦"及《易传》的"太极生两仪，两仪生四象，四象生八卦，八卦重叠生六十四卦"的原理而成的。王其和太极拳的"六十四势"是由三十二组"对宫卦"组成，表现圆周刻度的变化，并非单纯指具体六十四个动作。原《拳谱》对六十四势划分和判定非常模糊，但为保持原貌，本书六十四势划分方式仍遵照原来《拳谱》划分，未做改动。

6. 在拳架练习中，以松静轻柔、气沉丹田为主旨，越虚静越好，不应考虑每个动作的要领与如何使用的问题，否则用意过重，适得其反。

7. 在拳架练习中，目视方向只是鼻尖与眼睛所指方向，但精神不应该放出，而应内敛。

8. 起势时，一般要求面南背北，其次也可面东背西。传统要求不面向西或北。本书为便于读者查对拳势方向，设定为面南背北。

9. 文中凡重复的动作、拳势、用法等也均已略去，仅对重复动作出现的不同练法、用法进行说明。

王其和六十四势拳架图解

一、预备势

动作要求：面南，自然站立，两脚与肩同宽，头正颈松，虚腋、下颌微内收，百会穴微有上领之意，舌尖轻抵上颚，两臂体侧下垂，五指放松，心静体松，平视前方。

动作要点：预备势也被称为"无极势"，是习练者心中无念、外

◎ 预备势 ◎

形未起、内劲未动之状态。黄元吉《道德经注释》说："于无知无觉之际，忽然一觉而动，即太极开基。"需要注意的是，无极的状态贯穿整个拳架的练习始终，虽然外形一直在动，但内心仍需要处于寂然不动的状态。

二、太极起势

动作要求：屈肘，掌心斜相对，虎口斜向上，两掌从两侧向上托起，如捧气球状。抬至肘高时，松肩沉肘，两手徐徐前伸。两手至肩高时掌心翻转向里，两肘外撑，两掌心相对，虎口向上。继而，随屈膝、圆裆，虚领顶劲，松胯、坐腰，通过沉肩坠肘带动两掌内翻带动掌心向下，掌心高度在胸下脐上，指尖向前，眼平视前方。

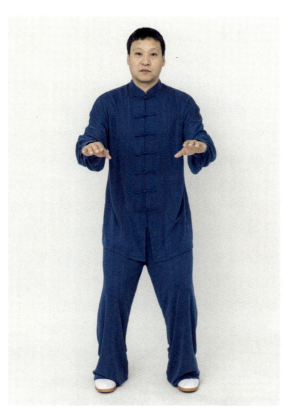

◎ 太极起势 ◎

动作要点：力沉脚底，气沉丹田，两手高不过胸，低不过脐。太极拳口诀曰："提顶吊裆心中悬，松肩沉肘气丹田；裹裆护肫须下势，含胸拔背落自然。"

动作原理：通过抽胯、合肩，使全身散乱之气收合于丹田，达到力沉脚底，气沉丹田，形成整体。

动作用法：两手向上托举对方，当对方下意识下沉以对抗上举之力时，两手下翻，用腰胯劲顺势下按。

三、第一势　上步七星

上步七星是王其和太极拳中一个最具有代表性的动作。

上步七星中的"七星"原指天文学上的北斗七星，而太极拳中的七星是指头、肩、肘、手、胯、膝、踝七个部位，这七个部位围绕人"百会、会阴、涌泉"这条虚轴旋转，如同北斗七星围绕着北极星旋转。

动作要求：两手心向下，两胯不动，两臂随腰左转至东南方，同时，含胸松腰，将力向脚底松沉。尾闾中正，右胯向下松沉，右胯根内收，右脚以脚跟为轴，脚掌略抬起，顺势内扣转向东南方。然后两肩窝向后抽吸，两肘随坐腰屈肘，右小臂向右后下将带，左掌随后抽之力外旋转掌心向上，右掌内旋掌心斜向下至于左肘内侧，相距一拳远。同时，屈膝坐腰，腰向左转，左胯根向后上抽吸，左膝顺势上提，旋膝旋踝，左脚掌贴地旋转。继而，松右胯下沉至脚底，左腿提起向前踏出半步，脚掌擦地而行，重心逐渐前移成左弓箭步，力沉脚底，气沉丹田。同时，左掌内旋，变虎口向上，掌心向右，右手外旋虎口向上，掌心对左肘内侧，旋臂旋腕向中线合劲。定势时，左掌食指与眉梢同高，拇指与鼻尖同高，右掌心对左肘内侧，约一拳距离（面向东南方）。

动作要点：鼻尖、手尖、脚尖形成三尖相照。重心前移时，尾闾前扣与鼻尖相照。同时，随下沉之力合裆、合胯、合肘、合手。前肘窝、后膝窝与第三胸椎处略有抻拔劲。向左转腰与向右将带要有反衬劲，向前时，前手掌根与后脚脚跟、肘关节与膝关节、头顶与尾闾之间都存在

◎ 上步七星 ◎

反衬劲。

　　动作原理：上步七星包含了抽吸、擎托，以及杠杆、向心螺旋和离心螺旋，能够体现太极螺旋劲的特点。起势后，通过尾闾正中、松腰沉右胯，沿中心轴螺旋，向右脚底松沉并下压地面；右脚顺松腰沉右胯之力，以脚跟支撑，脚掌微上翘、内扣形成向心旋转，这样脚底的磨转之力会沿着右腿螺旋上行，通过腰裆向左旋转，形成向上的螺旋力；同时，左掌顺后抽之力原位翻转变掌心向上，右手屈肘向右捋带，小臂外旋掌心向左，距左肘关节内侧一拳，左掌上掤与右掌外旋下按，形成杠杆力。左小臂通过屈肘下坠向左腰眼收合，使左侧向心旋转加速，同时右胯下沉、左肩向上，结合含胸、坐腰，以及右肋向内拧裹，加速了向左侧的旋转。这时，通过脊背的转动和以斜归正，以及右肋向中线拧裹，将左肘来的力转到了右手臂上。另一股力由左侧的向心旋转沿着百会、会阴、涌泉的中垂线，通过松腰沉胯下传至右脚底，右脚底顺势与原来的扣步相融合，进一步促进了腰胯向左上的加速旋转。这时，左手小臂向内旋，右手向外旋，右手掌心对左肘内侧，两手向中线合劲，并合裆、合胯，多股力合一，形成一个完整的太极螺旋。

这个动作是"左入右出"，即左侧向心螺旋，右侧离心螺旋。如同龙卷风从平静的水面螺旋腾起，暗合中国文化中龙从水面旋转腾起的意象，又指向东南方。所以，此势也被很多传人称为"青龙出水"。

动作用法：若对方用右拳从左前方向我袭来，我意在先，左手从下向上接其肘，向左转腰，以右小臂接其拳向右后侧将化，顺势向后引化，以向心螺旋的"吞"劲将其引进落空。当对方感到落空，下意识抽身后撤时，我左手顺势向上擎举，右手下按形成杠杆撬力，使对方被擎起，我提起左腿向前踏出半步，合肘、合手、合胯、合裆，两手合劲，以"吐"劲将对方腾空掷出。或对方用右拳向我袭来，我左掌从外覆其肘，右掌从内向下削切其手或拳，腰裆小圈转化，两手同时合劲，使对方被腾空掷出。

四、第二势　揽雀尾

王其和太极拳的揽雀尾又被称为"转腕缠手进掌"，它融合了武式太极拳的懒扎衣、杨式的揽雀尾和红拳的缠手。这个动作体现了当地红拳对王其和先生的深刻影响，也是王其和太极拳的独特之处。

动作要求：

1. 动作一：重心移至左腿，力螺旋下沉至左脚底，随即跟右步，两掌自然下落，同时百会上领、立腰、竖项，与下沉力形成对称力。继而，右腿向右后下方撤步，右脚掌着地，右腿支撑。继而，松腰沉胯，左脚尖翘起，以脚跟为轴，左脚顺下沉之力，脚尖扣向正西方。继而，屈膝坐腰，腰向右转，右胯根向后抽吸，右腿旋膝旋踝，右膝顺势上提，右脚掌着地，顺势原地旋转。同时，右肘屈肘下沉，左掌搭于右手

腕上，右手掌心向内转动、向右拨转，旋臂旋腕。继而，松腰下沉至脚底，提起右腿向前踏出半步，脚底擦地而行，重心逐渐前移，成右弓箭步，力沉脚底，气沉丹田（面向西稍偏北）。这个动作是右入左出。

2. 动作二：左脚脚掌擦地向前跟半步，左掌向左平抹与肩同宽同高，掌心向下。继而，重心移至左腿，身体如电梯垂直下降，力螺旋下沉至脚底，右腿脚掌虚点地；同时，两掌随坐腰、沉肘向后下抽吸，掌心下抹捋按，置于胸前。继而，沉左胯向右转腰，裆走小圈，右胯根向后抽吸，右膝顺势上提，胯根向上抽吸向前踏出半步，右脚掌擦地而行，重心前移渐成右弓箭步，两掌随重心前移螺旋向斜前上搓，力达掌根，旋臂旋腕（面向正西方）。

动作要点：第一动向右后撤步时距离以约本人脚长的一脚半为宜，太小影响左脚的扣步，太大重心不稳。向右转腰时，不要架肩架肘。第二动向下坐时，腰如坐板凳，两掌下落时，松腰胯、沉肩、坠肘、塌腕，依次而动。螺旋向前上搓按掌时，先向下、向前，再向上划弧线。发力时，后膝窝、后背、前肘窝的筋都略有抻拔劲。两掌根与后脚跟有相反的对称劲。

动作用法：若对方从正西方或西北方以右拳袭来，我转身以右手小臂翻转上掤，同时右肘下沉顺势向后捋化，引进落空，使对方向前跌出。当对方感到失控，下意识向后抽身时，我右腿顺势上步越过其身，右手控制其重心，左手搭在右手腕部，如按在菜刀上背向下切物，猛然切按右手腕部，左手、左腿同时发劲，以挤按劲将对方腾空掷出。若对方已完成重心调整或我动作略迟，对方另一手来救之力与我向前之力发生顶撞，我左手自向上挑其大臂，两手臂自下而上掤架，同时我跟左腿垫步出右腿，顺势向两侧捋带撑架将对方擎起，我以双掌控制其身体。若对方感到向前失控，下意识抽身换势时，我右腿从对方裆内越过其身体中心线，踏出半步，将对方腾空掷出。

五、第三势　单鞭

王其和太极拳的单鞭动作很有特点，其运行路线、劲路与其他几家太极拳的风格都不相同。

　　动作要求：重心移至右脚，松腰沉胯，力沉脚底，左脚跟半步，两手自然下落。左脚随之向右后方下撤。继而，左脚掌支撑，右脚以脚跟为轴，扣向正东方，腰随之向左转，同时两掌自下向上掤，于胸前交叉成十字手，两掌心均向旦，左掌在外，右手在内，面向正东。继而，左胯根向后回抽，左腿旋膝旋踝，左脚掌着地顺势原地旋转，左膝顺势上提，左腿向前踏出半步。继而，重心逐渐前移，成左弓箭步，同时左掌外旋拨转，旋臂旋腕，右掌掌心向后下松柔捋带，随臂抹带至右斜下方，掌心内旋向下，指尖向右后下方滑动，眼视左掌尖及前方。两掌方

◎ 单鞭 ◎

向相反，劲力反衬。目视左掌方向（面向正东方）。

动作要点：转身成十字手时，右肩要留住，呈"看正似斜，看斜似正"状。动作完成时，前手掌根与后腿脚跟、肘关节与膝关节、头顶与尾闾之间都有对称劲；前肘窝、后膝窝、后背都略有抻拔劲。

动作用法：若对方从身后以双手向我袭来，我顺势向左转腰下坐，双手由下向上从对方双手内粘接，并屈肘向我左后方拨转、捋带，引进落空；若对方感到失去重心，下意识向后抽身换势时，我随其后撤，左脚插入其裆内或左腿外，弓步贴身越其身位，使其向上掀起而拔根，我左手顺势前按其胸或肩控制其重心，右手下按控制对方左手臂，顺势以合劲将对方腾空掷出。

六、第四势　提手上势

动作要求：重心移至左脚，松腰沉胯，力螺旋下沉至左脚底，右脚跟半步。随之右脚向右后插步，左脚内扣脚尖朝向西南方，面向西南。同时，两臂随腰右转，右掌随腰转至右大腿外侧，左掌呈立掌，掌心向右，指尖向上，虎口相对，两臂同时内旋。继而，右胯根向后抽吸，右腿旋膝旋踝，右膝顺势上提，右脚掌着地顺势原地旋转。同时，右小臂向内抄手、上翻，擦着左肘小臂外侧向上拨转，掌心向内，翻至额头高；左臂内抽下按，意识向天空无限延伸，其义即《太极拳谱》的"提手上势望空看"。随之，右胯根向内向上抽吸，提起右脚向前踏出半步，成右弓箭步；同时，右肘松肩沉肘，两掌外翻至两掌心胸前斜相对向下按，当对方下意识向上起身时，双手随弓步双掌向前合劲，旋臂旋腕，力达双掌根。目视西南上方。

动作要点：向右转腰时，两虎口相对，形成合力偶。左手下按与右手上挑是杠杆力，腰胯下沉之力带动左手下按。左肘下沉与右上提要有阴阳对称劲。右手向上提与腰胯下坐要形成阴阳圆运动，双手向前按时先下沉，再随对方向上之念再向斜上方按出。

动作用法：单鞭过程中，若我双手被对方握住，我转身，右手向右下旋转，左手与右手相合成合力偶，将其旋出；或对方从右后方，以右

◎ 提手上势 ◎

手向我头部袭来，我右小臂上翻，左手掌顺势抚于对方右肘或大臂外侧向前将带，随右转腰顺势向我右后下方将带，引进落空；若对方感到失控，下意识向上抽身后撤时，我右手顺势从其右大臂内上托其肘关节，左手顺势下按，两者形成杠杆力将对方撬起；若对方欲下坐化解我上撬之力，我双手顺势向下翻按；若对方欲对抗我之下按之力，而向上起身时，我则顺势双手向斜上搓挤将之向上掀起，向前踏出半步，右步越过其身位，随即发力将对方腾空掷出。

七、第五势　白鹅亮翅

王其和太极拳的"白鹅亮翅"与其他太极流派不同。目前，流行的杨式太极拳中并没有"海底捞月"一式，而且"白鹅亮翅"右手高举与杨班侯《全体大用诀》口诀"海底捞月亮翅变，挑打软肋不容情"不符。王其和所传拳架不仅保留了"海底捞月"，而且"白鹅亮翅"也是向对方腋窝和软肋挑打，这也是王其和太极源于杨班侯一脉的证据之一。此种打法更加强调了拳势的进攻性，体现了王其和太极拳源于杨式"用架"的特点。

动作要求：重心移至右脚，力螺旋下沉至右脚底，随即跟左脚。然后，向左后下方（正北方）撤左脚，随之撤步，右脚扣向东南，左脚尖向正东方，面向东南方；同时，两掌下行至腹部，掌心斜相对。重心移至左脚，左脚以脚跟为轴内扣，腰向左转，右脚内收于左脚内侧，脚前掌着地，同时左臂上行至右前上方，右掌在左肘下。继而，腰向右转，提起右腿向前踏出半步，渐成右弓箭步；同时右掌向斜上旋腕挑打，左

◎ 海底捞月 ◎

◎ 白鹅亮翅 ◎

掌向下划至左膝外侧。目视右掌方向（东南方）。

动作要点：左腿跟步与撤步时，右手向斜上旋挑与左肩下沉、右转相合。

动作用法：若对方抓住我双手手腕，向后拽，我顺势向前跟半步，向斜上挤按。若对方感到我向前上的力后，进行回顶，我则双手顺势向后划弧，牵引对方，同时向右后方撤步，身体突然下蹲，两手垂直下沉，用沉胯的力量引进落空，使对方向斜前腾空跌出。若对方没有跌倒或调整重心，我左手下按，上右脚控制其左腿，右手向对方腋窝或软肋挑打将对方掷出。若对方用左腿正蹬或右脚边腿踢击，我以左手顺势向前引化，右手掤架对方膝关节下弯处，左腿后撤引进落空，待对方欲抽身后撤时，我提起右腿向前踏出半步，越过其身位，随即向斜前方发力，将其腾空掷出。

八、第六势 搂膝拗步

搂膝拗步是王其和太极拳中最具特色的一个动作。它的出掌轨迹不同于杨、武两家，也不同于吴式、陈式、孙式，是融合太极拳的螺旋抽丝、形意拳的缩拧和八卦掌的鹰翻肩而来，具有独特性。

动作要求：左手以立掌自下向上、向前擎托至于面前，掌心向右，虎口斜向上，指尖斜向前，拇指与鼻尖同高，食指与左眉梢同高。同时，右手虎口斜向上，小臂外旋，向左划弧，掌心对内左肘内侧，双手向右后下方松沉捋带，腰向右转，重心移至右腿，左脚跟步。继而，左脚支撑，右脚以脚跟为轴，脚尖扣向东北方。同时，左掌向右后方捋带，划大立圆，顺势向右上掤于右脸前侧，左掌心对向自己右脸，食指与右眉梢同高，右掌向后划小圆至于右腰侧，掌心向内，虎口向上。继而，右腿向下松沉，敛臀坐腰，左胯根向后上抽，左腿旋膝旋踝，左脚掌着地，随之原地旋转。左膝顺势上提，左腿向前踏出半步，重心前移渐成左弓箭步。同时，左手转腕向外拨转，向下搂至左胯外侧，掌与小臂自然顺直，右掌自右腰侧向上弧形斜穿，经心窝口沿中线向外旋，力达掌根外侧（面向东北方）。

王其和太极拳

◎ 搂膝拗步 ◎

动作要点：杨班侯歌诀曰："搂膝拗步斜中找。"这里的"斜"既有斜上方向，也有隅角上的斜，即正面引进落空，而从侧面带有一定斜角度的发劲，更容易让对方失重。这也是搂膝拗步起始向东南方，完成时面向东方或东北方的原因。

动作用法：若对方以右拳向我头胸袭来，我右手顺势搭于对方右小臂外侧，左手顺势粘住对方右大臂或肘，顺对方来势向右后下方捋带，引进落空。若对方向后抽身换势，我顺其势上左脚控其腿及身，左手顺势由下向上掤架，将其向后上掀起，再向左外拨转，并下搂住其臂。同时，左脚提起向前踏出半步，右手随腰转向左斜前方，用右掌接触对方左肩外侧或胸部，将对方腾空掷出。

九、第七势　手挥琵琶

　　动作要求：重心前移至左腿，力向左脚底螺旋下沉，右脚顺势跟半步，同时腰左转，左掌变掌心向上，随右掌回收，左掌掌心贴于右肘下向前穿托，即杨班侯所说的"手挥琵琶穿化精"。随之，右脚借左脚底反弹力向后撤步，重心移至右脚，腰后抽下坐，左脚随之回收，前脚掌变虚步，面对正前方（正东）。同时，左转腰，左掌继续向前上托穿，变手心向上。同时右手向后屈肘螺旋回收至胸前，右掌心对左肘内侧，左指尖上与鼻尖同高，目视左掌尖（面东）。

　　动作要点：手挥琵琶是杠杆力与离心力的结合。以左手为支点，右手向下按、向外捋带，两手臂再向内形成合力。

　　动作用法：若我右掌向前按时，右手腕部被对方抓住，左手上托对方右肘，右肘回抽下按形成杠杆力，将对方撬起。前穿可穿击对方极泉穴。

十、第八势　搂膝打掌
（亦称"进步打掌"）

　　动作要求：

　　1. 左搂膝打掌。接上势。向右转腰，两掌翻转右手上提，左手下按，左手掌心向下，右手掌心向上。随

◎ 手挥琵琶 ◎

非物质文化遗产丛书

Intangible Cultural Heritage Series

之，两手向自己右后方划弧捋带，左掌向右后转腕划圆上掤至右前侧，掌心斜对自己右脸，食指与右眉梢同高，右手划小圈至左腰侧。同时，腰向左转。上动不停，随之左腿向前踏出半步，重心前移，渐成左弓箭步。同时，左手向左外侧拨转，向斜下搂，经膝划弧至左胯外侧，右掌自右腰侧斜上穿，经心窝口向外旋，刀达掌根。

2. 右搂膝打掌。重心移左脚，跟右脚。其余动作与左搂膝打掌动作相同，唯方向相反。

3. 左搂膝打掌。与前文所述左搂膝打掌动作基本相同。

4. 右搂膝打掌。与前述右搂膝打掌动作相同。

◎ 左搂膝打掌 ◎

动作要点：搂膝打掌与搂膝拗步基本相同。

动作用法：若对方以拳向我面、胸部袭来，我以左（右）手挂开来拳，一边化一边进，以左（右）脚控其腿，前手顺其势向上掤托大臂，控制其重心，并向上、向外拨转，使其向后上方掀起，以右（左）按其胸或肩，左（右）脚顺势向前踏出半步，用合劲将对方腾空掷出。若对方以其拳或脚击我腹、腿部，我以左（右）向左（右）搂开来犯之拳脚，引进落空。若对方下意识向后抽身换势，我顺势上步向下压按，控制其身体，右（左）手斜前方触对方左肩外侧或胸部，控制其重心，左（右）脚顺势提起，向前踏出半步，用合劲将对方腾空掷出。

十一、第九势　上步搬拦捶

动作要求：右脚向内扣，脚尖向正东方，腰向左转，力螺旋下沉至右脚底。同时，右手于腰间由掌变拳，拳心向上。随之，向左转腰，提起左腿向前踏出半步，重心逐渐前移，渐成左弓箭步。同时，右拳从腰右侧起，沿中线螺旋向斜上拨转前冲，拳面向前，拳心朝下；左掌回收，成立掌，护于右肘内侧；目视右拳（面向正东方）。

动作要点：右拳前进时，如同子弹出膛，螺旋向斜上前冲。右拳不得超过左脚尖，右肘稍低于腕。

动作用法：若对方以右手向我击来或抓握我右手腕，我右手握拳先向内旋拧再上翻，变拳面向上，同时左手敷于对方右肘关节外侧。继而，右手向外拨转并下压对方小臂，通过小臂控制其全身，如对方下意识上挑或起身对抗，我右拳螺旋滚压

◎ 上步搬拦捶 ◎

前进，左腿顺势上半步控制其身体，同时用拳面点击对方胸口，将对方腾空击出。

十二、第十势　如封似闭

动作要求：前移重心，力螺旋下沉至左脚底，顺势跟右步，同时左手回抽到右大臂外侧，掌心向内。随之，腰向后抽，下坐，重心移至右脚，提左膝，左脚掌着地。两肩向回抽吸，右肘带着右手螺旋向后抽吸，左手顺左脚底向上的反作用力上掤托。继而，两手交叉变掌心向内，两掌弧线向外拨转回收于胸前，两掌心在肩内侧斜相对。继而，抽左胯、提左膝向前踏出半步，腰向左转，下肢渐成左弓箭步，同时两掌

◎　如封似闭　◎

非物质文化遗产丛书　Intangible Cultural Heritage Series

王真和太极拳

螺旋前按，力达掌根。目视两掌（面向正东方）。

动作要点：此势为开合劲，敌入则开，敌去则合。开时，向后坐腰腿蓄力，两掌随腰胯旋转后抽，内含掤撑之意；合时，两手外旋拨转前按。前按不过左足尖，两肘后抽不过肋，即"前不漏手，后不漏肘"。

动作用法：若对方以左手握我右拳或以双手推击我胸肩，我右手即由拳变掌上掤，屈肘坐腰。同时，左手从右肘下向前上掤撑，翻掌拨引转化，按住对方肘腕朝外挂，引进落空，随即进左脚，将对方拔根被擎起，使其不得走化，此为"开"。若对方下意识抽身换势，两手小臂划小圆向前扑按，用长劲将对方腾空掷出，此为"合"。

十三、第十一势　抱虎推山

动作要求：双手下落，重心移至左脚，跟右步。随之，右脚向右后方插步，左脚向内扣至西北方。同时，腰向右转，右掌借左脚底的反作用力，从左小腹向上掤至左前侧，掌心对自己左脸，食指与左眉梢同高。继而，右胯根向后上抽，右腿旋膝旋踝，右脚掌着地顺势原地旋转，顺势提起右腿向前踏出半步，下肢渐成右弓箭步。同时，右掌向右外拨转，从外侧下搂，左掌则自腰部沿中线向斜上螺旋搓推，旋臂旋腕，力达掌根（面向西北方）。继而，松右胯，力螺旋下沉至右脚底，然后跟左步，右掌从左腹部向上掤，沿左大臂上侧上穿至胸高，再从左臂上向右平抹，掌心向下与肩同高。继而，坐腰，两肘向后抽，双掌下按。同时，提起右腿向前踏出半步，成右弓箭步，双掌向斜上托按，力达掌根。目视前方（面向西北方）。

动作要点：这个动作左脚幅度较大，须先含胸坐腰，加大向右转腰和向右引进落空的幅度。

动作用法：若对方从我右后方双掌向我击来，我随对方之力向右后转身，以右手粘其臂顺势拨转，使其引进落空，以左掌按其胸部或肩，右脚顺势提起向前踏出半步，用合劲将对方腾空掷出。

◎ 抱虎推山 ◎

十四、第十二势　斜单鞭

　　该动作虽然被称为"斜单鞭"，但实际要求与第三势单鞭完全相同，只是右脚旋转幅度比第三势单鞭大很多。

十五、过渡动作　上步七星掌

　　动作要求：左胯下沉，力向左脚底螺旋下沉。以左脚跟为轴内扣，同时，右掌自下向左抄手。继而，坐腰向右转，右胯根向后上抽，右腿旋膝旋踝，右脚掌着地顺势原地旋转，右脚虚点地。同时，左掌向右、向上抄手，掌心向内，转腕划弧沿中线向上掤于额前。随之，右腿顺势提起向前踏出半步，下肢渐成右弓箭步。同时，右手自左腋下向上掤架，向右拨转，旋臂旋腕，力达掌根，且左手小臂继续向上托架，向外拨转，变虎口向下掌心向前。目视前方（面向正南方）。

　　动作用法：若对方以右掌或拳自前方击来，我以左手抄手向上掤架、向外拨转，对方又用左手打来，我左手拨转，同时进右脚，以右小臂向外拨转，右掌将其击出。

◎ 上步七星掌 ◎

十六、第十三势　肘底看锤

　　动作要求：重心移至右脚，左脚跟半步，然后左脚向右后方撤半步。随之，右脚以脚跟为轴，向内扣，坐腰，向左转腰，面转向正北方。继而，左胯根向后上抽，左腿旋膝旋踝，左脚掌着地顺势原地旋转。同时，左掌逆时针向上、向外、向下拨转。继而，左手自腹前沿

◎ 肘底看锤 ◎

中线至胸前向上托掌，旋臂旋腕。同时，右手握拳，虎口向上，拳面向前，至于左肘下；左腿提膝，左脚虚点地，脚掌着地。目视前方（面向北方）。

　　动作要点：向左转体时，左手臂划大圆。定势时，左肘与右拳要向里合劲。

　　动作用法：若对方从我后方以左手挥拳向我击来，我顺势左转腰，回身，左手自其左臂外侧顺势捋带、拨转，使其落空。若对方复以右手向我挥击，我以左手虎口上托其臂（或我左手自上而下绕环，缠其手臂，以大臂夹其小臂，以左臂向上挑其肘），同时以右拳自左肘下方向点击对方期门穴或乳根穴。

十七、第十四势　倒撵猴

动作要求：

1. 左倒撵猴。接上势。向左转腰、坐腰，左脚顺势收于右脚内侧。随之，右脚以脚跟为轴，扣向西北方。同时，左掌转腕向外拨转，右拳变掌收至腰右侧。继而，左脚掌着地，左胯根向后上抽，左腿旋膝旋踝，顺势左腿上提向前踏出半步，渐成左弓箭步。同时，左掌向下搂掌至左胯外侧，右掌自右腰侧向西北上方搓按，旋臂旋腕，力达掌根。目视前方（面向西北方）。

2. 右倒撵猴。重心向左脚底松沉，右手下落，竖项立腰。随之，跟右步，继而右脚向右后方倒插步，右脚掌着地、支撑，以左脚跟为轴，

◎　倒撵猴　◎

扣左脚至西南方。同时，右手经左前方向上抄起，腰顺势右转，手随腰转。继而，提起右腿向西南放踏出半步，重心前移，渐成右弓箭步；右手臂向外向右拨转、向下搂掌，右掌渐至右胯外侧。同时，左掌自左腰侧斜上搓按，旋臂旋腕，力达掌根。目视前方（面向西南方）。

3. 左倒撵猴。动作与上一个动作相同，方向相反（面向西北方）。

4. 右倒撵猴。动作与上一个动作相同，方向相反（面向西南方）。

动作用法：1. 接上个动作。若我左手向上挑对方右手臂，对方向下坐化解或向后、向下挣脱，挥左拳向我打来，我顺其势左转腰，向左引对方落空，右手从外向内封其左手臂。对方下意识抽身换势时，我顺势提起左腿上步埋其右腿外，向前踏出半步，同时右掌击其左肩外侧，向西北方掷出。2. 我以中定待敌，若对方从后方攻来，我则以立轴随其旋转，同时，右（左）从下向上掤架，向外拨转，引进落空，顺势上左（右）步，出左（右）掌将其击出。

十八、第十五势　提手上势

此势与第四势相同。

十九、第十六势　白鹅亮翅

此势与第五势相同。

二十、第十七势　搂膝拗步

此势与第六势相同。

二十一、第十八势　手挥琵琶

此势与第七势相同。

二十二、第十九势　海底针

王其和太极拳的"海底针"动作有别于各家太极拳，这也是王其和结合实战进行的变动。

动作要求：分为两种练法。

练法一：右腿支撑，将左腿收回，两腿并拢与肩同宽。同时，右掌自左腹部经胸上穿，左掌向下，至于左腿外侧，掌心向后，从左侧向后上撩掌。右手向前下方弧线下甩，左掌心继续向后拍打，或四指聚拢变勾手。同时，上身躬身弯腰，尾骨向后上翻，低头向左转甩脸。这个动作是中国式摔跤中"揣"（拿臂揣）的技术和太极拳"海底针"的结合。

练法二：右腿支撑，将左腿收回半步，左膝关节上提，左脚虚步；同时，右掌自左腹部经胸上穿出，上体前俯，身体下沉，右腿屈膝，右掌于右胸前划立圆向前下方插掌，虎口向斜上。在身体前俯身时，左掌经左外侧向后搂至身后。继而，四指聚拢变勾手，勾尖向后上方。目视

◎ 海底针1 ◎

◎ 海底针2 ◎

右掌前方（面向正东方）。这个动作是武式"按势"与杨式"海底针"的结合。

动作要点：向前俯身时背弓、绷膝、甩头、前手拉、后手拍击须同时发力。

动作用法：1. 若对方自我身后抱住我，我顺势下沉，右手抓起臂或腕，用左腿后撤和尾骨向后上翻的力，使对方两脚离地被拔根拱起，同时用左手拍击其膝关节或抚于对方小腿前侧向后上撩拨，同时低头甩脸紧拉右手，使对方从我背上向前跌出。2. 若我左手腕被对方握住，或我握住对方右手腕，左手先向上划圆上掤，当对方欲下行时，用腰胯带动猛然下沉，用采劲让对方失去重心或向前跌倒。

◎ 青龙出水 ◎

二十三、第二十势　青龙出水

动作要求：起身，提起左腿向前踏出半步，重心前移，渐成左弓箭步。同时，右手小臂随起身由下向上掤架，至前额上方，掌心向前，左手臂从左臂下向上掤架，向左拨转，旋臂旋腕前按，力达掌根。目视左掌前方（面向正东方）。

动作要点：前俯起身时，要用背弓的反弹劲，两手上行要借助尾骨下坠之力。

动作用法：对方握我手腕，我向下"采"。若对方未倒，其为保持平衡必下意识抽身。此时，可顺势以左手臂向上掤其大臂，将其拔根，同时提起左腿向前踏出半步封住对方，左手小臂外拨，螺旋前按，将其腾空击出。

非物质文化遗产丛书

Intangible Cultural Heritage Series

王其和太极拳

二十四、第二十一势　三通背

动作要求：

1. 松左胯，力向左脚底螺旋下沉；右脚后撤，脚掌点地。继而，以左脚跟为轴扣向正西方，坐腰向右转，面向西，右胯根向后上抽，左腿旋膝旋踝，右脚掌虚点地，随之原地旋转，同时左掌下落，自下向上随右转腰向右拨转，右手臂随腰右转，屈肘，右小臂向外拨转，向右后方将带。继而，提起右腿向前踏出半步，前移重心，渐成右弓箭步，左手小臂继续向上拨转、托架于额头上方，掌心向外；同时，右手自左腋下向上、向右外拨转向前上搓按，旋臂旋腕，力达掌根。目视前方。

◎ 三通背1 ◎

2. 重心后撤移至左腿，腰向右转，撤右步。同时，左掌心向下，右掌心向上，随右腰转动，向右后下方捋带至右胯侧。

3. 随之，两手继续向后、向上、向前走立圆，重心移至右脚，左腿提膝，脚前掌着地，上动不停。随之，腰向左转。继而，上左步渐成右弓箭步。同时，两掌走立圆向前下按，左掌向外拨转至掌心向下，右掌在左肘后下约一掌。目视左掌前方。（面向正西方）

动作要点：撤步时先撤右腿，右腿后撤的同时蓄力；右脚尖仍保持撤步前之方向（正西方）。

动作用法：若对方从右后，以双手推按或以右手击我头部，我即右

◎ 三通背2 ◎　　　　　　　　　　◎ 三通背3 ◎

转身，两手向右拨转、捋带使其落空，左腿蓄力。当对方落空顿感失去重心而欲抽身换势时，我随对方后撤，右腿贴身跟进，左手顺其后撤之势向上掤架其大臂，使其向后上掀起，右掌随展身发力，将其击出。若对方在我上步发力前重心已后移，我发力与对方出现顶撞。这时，我马上顺对方顶劲撤步，并顺势向右后方捋带，同时右腿蓄力。若此时对方顿感失去重心，欲抽身向后坐，我则随对方向后的抽拽力，顺势上左步以双掌向前下方发力，将其击倒。

二十五、过渡动作 揽雀尾

此势为过渡动作，动作与第二势相同。

二十六、第二十二势 单鞭

此势与第三势相同。

二十七、第二十三势 云手

王其和太极拳的云手与杨式、武式太极拳都不同。王其和太极拳的左云手之后，接了一个右手的穿、插、推、托动作，右云手接了一个向下的采劲，更加突出了太极拳的技击性。

动作要求：

1. 右云手。松腰沉胯，重心移至左脚，跟左步。随之，右脚后撤，左脚以脚跟为轴扣向正西方，坐腰，向右转腰。继而，右胯根向后上抽，右腿提膝，旋膝旋踝，右脚掌着地随之旋转。同时，右掌向外拨转，立肘，指尖向上，掌心向左；左掌呈立掌至于右肘下，虎口向上。随之，右掌在上、左掌在下，沉肘、沉身下采。目视右掌（面向正西方）。

2. 左云手。右脚扣脚尖向正东方。继而，坐腰向左转，左胯根向后上抽，左腿提起左腿旋膝旋踝，左脚掌着地，随之原地旋转。同时，左掌顺势向右上掤于右脸前侧，左掌心对自己右脸，食指与右眉梢同高；右掌至于右腰前侧，掌心向内，虎口向上。继而，左膝顺势上提，起左

王真和太极拳

腿向前踏出半步，渐成左弓箭步；左手小臂向左外拨转、滚动，旋臂旋腕，力达左掌外沿；同时，右掌自腰间向前插、托、推、按，右掌至于左肘关节内侧，掌心向后下方。目视前方（面向正东方）。

动作要点：左右为一个云手，可以做三个或四个。最后一个回到起始方向，面向正西方。

动作用法：

1. 右云手是一个防守含攻的动作。若对方自右后方向我肋部击来，我向右转身，以右腕部先捋化，随腰腿劲，猛然下采对方腕臂。

2. 左云手主要为攻防一体。若对方自我左后用左拳（掌）向我上部袭来，我速左旋，用左手臂向左后方捋化，提起左腿向前踏出半步封住

◎ 云手 ◎

其腿，右手以合劲向对方肋部插、托、按劲，将其击倒。

二十八、过渡动作　单鞭

此势为过渡动作，动作与第三势相同。

二十九、第二十四势　高探马

动作要求：

1. 左高探马。重心移至左脚，跟右步，随之重心后坐至右脚，左小臂向左外拨转。继而，左掌向下搂，掌心向里对肚脐，掌与肚脐间距

王真和太极拳

两拳；右掌掌心自下斜上搓进，旋臂旋腕，力达右掌根。同时，左胯根向后上抽，左腿旋膝旋踝，左脚掌着地，向左前方踏出半步，成左弓箭步。目视前方（面向东北方）。

2. 右高探马。重心移到左脚，跟右步。左脚以脚跟为轴扣向东南方，右胯根向后上抽，右腿旋膝旋踝，右脚掌着地，随之原地旋转；同时，右手引腰向右转，右手腕向外拨转。继而，顺势上提右腿向前踏出半步，成右弓箭步；右掌向回搂，掌心对肚脐，间距两拳。同时，左掌自下向斜上搓进，旋臂旋腕，力达左掌根。目视东南方（面向东南方）。

3. 左高探马。这个动作与前一动作相同，方向相反（面向东北方）。

动作要点：前掌向后搂、后掌向前挫按、转腰与后脚底前送之力，四者相合。

动作用法：左（右）手搂住对方腰，前腿提起向前踏出半步，上掌斜上推进，击其下颌；下搂手贴背下捋至腰部，拇指与食指分别扣于对方两肾俞穴。

三十、第二十五势　左右起脚

动作要求：

1. 右起脚。重心移至左脚，向东南方扣左脚，坐腰向右转。同时，左掌在内、右掌在外至胸前交叉，两掌心向内，成十字手。继而，右胯根向后抽，右腿旋膝旋踝，顺势提膝，右小腿向右前上方弹击。同时，两掌从胸部分掌，左手向左后方，右掌从胸前向下拍击右脚背。目视右脚（面向东南方）。

2. 左起腿。重心移至右脚，向东北方扣右脚，坐腰向左转。同时，右掌在内、左掌在外至胸前交叉，两掌心向内，成十字手。继而，左胯根向后抽，左腿旋膝旋踝，顺势提膝，左小腿向左前上方弹击。同时，两掌从胸部分掌，右手向右后方，左掌从胸前向下拍击左脚背。目视左脚（面向东北方）。

◎ 右起脚 ◎

动作要点：起腿时坐腰，膝向命门收合；屈肘与屈膝协调同步；弹踢要用身弓发力；分脚与分掌要同步同频完成；后肘与前提提膝要有对称力；后掌下压与前分脚向上弹踢相呼应。

动作用法：对方右（左）手来击，我上步向侧左（右）闪。同时，双手上架，用左（右）足尖弹踢其裆部、腹部、心窝或右（左）肋部。或对方右（左）手来击，我上步向侧左（右）闪，我左（右）掌推挡其右臂外侧，右（左）手向下劈击对方右（左）手臂。同时，用左（右）足尖弹踢其心口窝或右（左）肋部。

王其和太极拳

◎ 左起脚 ◎

三十一、第二十六势　转身蹬脚

　　动作要求：重心在右脚，左脚踢击不落地，向右后方插步。继而，以右脚跟为轴，扣右脚向正西方；同时，两掌从两侧向下划弧至腹部合为十字手，左掌在外。继而，两掌继续上行向左右划弧下劈，两腕与肩同高，掌心向前，虎口相对，两肘略下垂；同时，左胯根向后上抽，左脚提膝、旋膝旋踝，坐腰收胯，将左腿弹射而出，力达脚跟。面向正前方（面正西方）。

　　动作要点：转体要以支撑腿的脚跟为轴，蹬脚前周身要有向腰部收合之意，蹬脚时勾脚尖，引全身之力达于脚跟。

◎ 转身蹬脚 ◎

动作用法：若有人从身后向我抡拳砸击我头部，我急转身，两手从下向上架，以左足蹬其小腹。若对方直接向我头部劈砸，我也可两手上挑其手臂，同时用脚跟蹬击其小腹。或对方双手抓我肩，我双手从内向上挑其臂，借对方之力下压其臂，并以其臂为支撑蹬击其关元穴。若柔韧性好，也可蹬击其心窝口或下颌部。

三十二、第二十七势　践步栽捶（进步栽捶）

动作要求：此势有两种练法。

第一种：践步栽捶。

王其和太极拳

　　左脚下落，右脚蹬地跃起，带动左脚蹬地跃起，向前纵跃；同时，向前俯身、右腿趁势屈膝下蹲，右掌变拳向前下俯冲，拳面向前，拳眼向左；左掌附于右腕侧。目视击拳方向（面向正西方）。

　　第二种：进步栽捶。

　　上左步出右手成左搂膝拗步，再接右搂膝拗步。然后，重心移右脚上左脚，左腿成弓步，左掌如同搂膝拗步一样划弧向外拨转，右手由腰间变拳，从右腰侧旋转穿过左虎口而出，上身前俯，左手护于右腕后。目视右拳前方（面向正西方）。

　　动作要点：左搂膝拗步直线向西，不走45°斜角方向。上身前俯时，自颈椎到腰椎仍要保持斜直线，不能弓背、低头。

◎ 践步栽捶 ◎

◎ 进步栽捶 ◎

动作用法：这里仅就第一种用法叙述。接前势。对方若被我击倒，我速纵身跃起，左足踏其胸，使对方不能转动，再俯身下击其面部，左掌护我胸腹中线，以防反击。运用此技法时，要提防对方用腿扫、脚踢或用拳击我裆部及抱腿等反击动作。

三十三、第二十八势　翻身二起

动作要求：此势练法亦分两种。

第一种：向右后方转身右脚蹬地，摆踢左腿，力达左脚背及脚尖，左腿落地前，迅速摆踢右腿，并用双手或右手拍击右脚背，力达右脚背及脚尖。

第二种：重心移至左脚，立腰竖项，右脚向后插步，右脚支撑，腰向右转，扣左脚尖向正东方。继而，两掌由左向右、向上、向前划立圈，同时右胯根回抽，右左腿旋膝旋踝，右膝顺势上提向前踏出半步，重心前移。继而，两掌继续向左后方挒带，重心移至右脚，左小腿向前弹踢，力达脚尖。左脚落地，重心移至左脚，右小腿向前弹踢，力达脚尖；同时，两臂继续向后抡起划立圆，右掌向下拍击右脚面，左手至于右手腕处。目视手和脚尖方向（面向正东方）。

动作要点：第二种练法的第一动，如同揽雀尾的第一动。

动作用法：这个动作是边化边打、上下同击之法。若对方自我身后

◎ 翻身二起 ◎

而来，用双臂向我扑来，我向右拨转闪身化解，使其落空，并用左掌或双手下按，阻挡其手，同时用左脚踢击其裆或面门、下颌。若对方向后闪身躲过或用手格挡，我迅速跳换，以右脚踢击对方裆或胸或面。

三十四、第二十九势 倒插步披身

动作要求：此势由两部分组成：一是左右大将；二是右搂膝拗步。

1. 左右大将。右脚下落向右后撤步，重心移至右脚，左脚掌着地，同时右手小臂向上掤架，然后向右后下方将带，腰向左转，到位时用采劲。继而，撤左脚，右转腰，重心移至左脚，左手小臂向上掤架。然后两掌斜相对，向左后下方斜将带，到位时用采劲。

◎ 左右大将 ◎

2. 右搂膝拗步。接上一个动作，右手上掤，右掌对左脸，右手食指与左眉梢同高。然后向右外拨转，右胯根向后抽，提起右腿向前踏出半步，重心前移，成右弓箭步。同时，右手下搂至右腿外侧，掌心朝后，左掌自腰间沿中线螺旋斜上搓进，旋臂旋腕，力达左掌根（面向正东方）。

动作要点：左右大捋时，身体容易歪斜，要注意保持中正；右捋带向左转腰，左捋带向右转腰；采劲以腰胯带手，如闪电掠过。

动作用法：对方以右掌或拳，推或击我，我右手向上架，身体下坐，左手抚其右肘，右手捋带其臂，顺势粘采对方右腕，待对方落空后，以腰腿劲猛然下采，意识深入地心无限远。右大捋与左大捋用法相同、方向相反。左大捋后，对方欲抽身换势，我顺势以右搂膝拗步回击，用法与搂膝拗步相同。

三十五、第三十势　斜平捶

斜平捶是王其和太极拳中一个最具特色的动作。这个动作是在倒插步披身与右蹬脚之间的一个补充动作，是王其和发明的一个侧面躲闪后进攻的方法，是王其和所独创，其他太极拳流派均无此动作。

动作要求：接上势。右脚向东北方扣步，左胯根向后上抽，左脚掌点地，左腿旋膝旋踝。同时，左拳从中线横挡，两手胸前呈十字手。继而，提起左腿向左前上方（东北方）跨出半步，成左斜弓箭步。同时，向左转腰，右拳自左臂上侧旋转向右斜前（东南方）击出，拳心向下。目视右拳（面向东南方）。

动作要点：斜平捶冲出时要有螺旋劲，右冲拳与左掌外撑推，要对称用力。

动作用法：对方以右拳向我头胸袭来，我提起左腿向左前踏出半步，向左前方闪躲，避其锋芒。同时，左手按对方右肘或右大臂，顺势向前捋带，引进落空，腰向左转，右拳旋转，以拳峰击对方耳根翳风穴或太阳穴。

◎ 斜平捶 ◎

三十六、第三十一势　右蹬左踹腿

侧踹腿是王其和从其他拳中借鉴而来，杨式、武式两家太极拳均无此动作，体现了其独特性。左踹腿与右蹬脚是一个组合动作，以背弓蓄力，全身压缩之后，倾全身之力而发，连接非常连贯、顺畅，威力极大。侧踹腿也是中国散打标志性腿法之一。

动作要求：

1. 右蹬脚。接上势，向东南扣左脚。继而，坐腰，右胯根向后上抽，左腿旋膝旋踝，左脚掌随之旋转，左膝顺势上提；同时两臂下落后至胸前交叉，成十字手，右掌在外。随后，两小臂自下向上挑分；同时

◎ 右蹬脚 ◎

向东南方蹬右脚，力达右脚跟。目平视东南方（面向东南方）。

2. 左踹腿。接上势，右脚顺势下落，脚尖摆向正南方；同时，两掌由下向上在胸前交叉呈十字手，左掌在外；同时提左膝转胯，用背弓之力收大腿于胸前。随之，上身向右微侧倾，左掌从左腿上向外勾挂；同时，右肘向后拉（正西方）与左踹脚对称用力，右手小臂外旋于额头上方，掌心向外撑推，右脚底旋拧，右脚跟与左脚跟方向一致，将左脚向正东方弹射而出，达终点时勾左脚尖，将力引导至左脚跟。面南，目侧视左脚跟方向（正东方）。

动作要点：左侧踹腿要先提膝收腿、屈胯侧转，左大腿尽量收至

◎ 左侧踹腿 ◎

贴胸，弓腰蓄力。左踹腿时，左手向外勾挂与右肘手后拉、左胯展、右脚底旋拧、背弓展同时，以全身之力螺旋而出。身体倾斜时，要保持头顶、会阴穴、右脚跟、左脚跟保持在额状面上。

　　动作用法：若对方挥左拳向我面部击来，我左侧闪，双手向上掤撑，同时起右脚蹬踹对方膝关节或大腿外侧或小腹。在我右蹬脚之际，对方俯身闪过，我迅速落脚，侧身十字手向上撑护己身并抓其手臂，然后左掌拨挡，右手拉拽，左脚则视对方空当，用全身之力向对方膝部或小腹或胸窝口或头部踹击。

三十七、第三十二势　伏虎势

　　动作要求：顺左侧踹腿倾身之势，以右脚掌为轴，腰向右转，右脚尖外摆至正北方，右脚掌沿垂直轴旋转半周，左脚掌随右腿弧形旋转后落地踏平，两脚尖皆向正北方；同时，两小臂随腰转动。面向北方时，两掌随两腿屈膝下按，掌心向下至于胸下腹上，气沉丹田。目视前方（面正北方）。

◎ 伏虎势 ◎

动作要点：旋转时以右脚跟为轴，外摆脚尖至正北方。向右旋转时，左踹脚要主动回收，顺势增加角动量，以右脚为轴向心旋转。

动作用法：此势与起势按掌相似，只是在180°大转身之后。

王其和太极拳以伏虎势为界，以上为上半趟，以下为下半趟。

三十八、过渡动作　右搂膝拗步

此势为过渡动作，动作与第八势相同。

三十九、过渡动作　上步搬拦捶

此势为过渡动作，动作与第九势相同。

四十、第三十三势　如封似闭

此势与第十势相同。

四十一、第三十四势　抱虎推山

此势与第十一势相同。

四十二、过渡动作　揽雀尾

此势为过渡动作，动作与第二势相同。

四十三、第三十五势　斜单鞭

此势为斜单鞭，动作与单鞭相同，唯有方向指向东南方。

四十四、第三十六势　野马分鬃

王其和太极拳的野马分鬃动作，既不同于杨、武，以及吴、陈、赵堡等式，它是形意拳"鼍形"、八卦掌的"缓化掌"和武式太极拳的"野马分鬃"三者的结合。这个动作继承了形意拳"鼍有浮水之精，拨转之妙"，在上臂外旋格挡封闭和左右斜攻的同时，上抄、外转，来吸化外来的力量，后手借助转体和后腿的蹬伸向前掖、插、推、托对方髋部或肋部。

动作要求：

1. 右野马分鬃。重心移至左脚，随之撤右脚，然后左脚内扣，腰向右转。同时，左手顺势下落，收于左腹前侧，掌心向内，略高于左肘；右掌下落向左侧上划弧，向上掤架至于左脸前侧三拳距离，右掌对左脸，食指与左眉梢同高。继而，右胯根向后上抽，右腿旋膝旋踝，右脚掌着地，随之原地旋转。继而，右膝顺势上提向前踏出半步，重心逐渐前移，成右弓箭步。同时，右掌向右外拨转，旋臂旋腕，至于右前侧，

◎ 右野马分鬃 ◎

力达左掌与小臂外侧，右手虎口向上，掌心向左，指尖向前，右手食指与眉梢同高；左掌向前走直线，左掌借助转体和右腿蹬伸之力向前掤、插，至于右肘下，掌心向右前呈侧立掌，虎口向上，指尖指向前西北方（目视右前方）。

2. 左野马分鬃。重心移至右脚，跟左步；同时，右掌自然下落收于右腹前，右手略高于右肘。继而，右脚内扣，腰向左转，上左步，同时，左掌自右腹向上掤架，掌心向内，至于右脸外三拳距离；左胯根向后上抽，左腿旋踝，左脚掌着地，随之原地旋转。继而，左膝顺势上提，左腿向前踏出半步，重心逐渐前移，成左弓箭步；同时，左掌自左向外拨转，旋臂旋腕，力达左掌与小臂外侧，左手虎口向上，掌心向右，指尖向前，左手食指与眉同高；右掌向前走直线，右掌借助转体和右腿蹬伸之力向前掖、插，左掌心向左前呈立掌，拇指向上，旋臂旋腕，指尖指向西南方（目视左前方）。

野马分鬃可做四个（均面向西）。

动作要点：扣脚时以实脚跟为轴，转腰要充分。上手要有上挑、外转、外靠的拨转之劲，力达前臂外侧。下掌借助转体和后腿的蹬伸向前掖、插、推、托。下掌与上掌之间相吸相系，形成立体合力。

动作用法：以右野马分鬃为例，若对方用双手或左手击我胸部，我右手从其左手大臂外侧，顺势向我左下方捋带，引进落空。当对方感到落空，下意识抽身换势时，我顺其势，右手向上抄封其两手，向外掤架、拨转，右腿贴其左腿外侧，将其拔根。继而，提起右腿向前踏出半步，左手借助转体和后腿的蹬伸向前掖、插、推、托对方肋部，或点击

◎ 左野马分鬃 ◎

对方章门穴或用合劲将其腾空掷出。

四十五、第三十七势　揽雀尾

此势与第二势相同。

四十六、第三十八势　单鞭

此势与第三势相同。

四十七、第三十九势　玉女穿梭

动作要求：

1. 玉女穿梭一。重心移至左脚，右脚向后插步，左脚扣向西南方。继而，腰向右转，右胯根向后上抽，右腿旋膝旋踝。同时，右手随腰原处翻转，掌心向内，左手下落，从下向上抄手，掌心向里，向上掤架至面前。继而，重心移至右脚，左手向上掤架至面前。同时，右手屈肘，随坐腰下沉蓄力；上左步，左脚掌着地。继而，左膝顺势上提向前踏出半步，重心前移，成左弓箭步。同时，左手随右转腰，继续上掤、小臂外翻，旋臂旋腕，变掌心向前；右掌向前上方搓按，旋臂旋腕外拨，力达掌根（目视西南方）。

2. 玉女穿梭二。重心移至左脚，右脚跟步。随之，向东南方插步，右腿支撑。随之，扣左脚尖向东南方，腰向右转。同时，两手虎口相对，随

◎　玉女穿梭1　◎

腰右转，右手在下旋转至右腿外侧，掌心斜向下；左手立掌，指尖向上，至于鼻前，掌心向右外。继而，右胯根向后抽，右腿随之旋膝旋踝，右脚掌着地，顺势原地旋转。同时，左手继续向右，至于右脸前侧，右手向内抄至小腹前，掌心向斜内。继而，提起右腿，右手内抄手转腕，向上捌架至额头上方，掌心在额头前上方。左臂屈肘，随提腿、坐腰蓄力，左掌置于胸前，指尖向上，掌心向右。继而，右膝顺势上提，右腿向前踏出半步，重心逐渐前移，成右弓箭步。同时，右手小臂向上捌架、向外拨转，翻掌心向外，旋臂旋腕；左掌向前上方穿，旋转外拨，旋臂旋腕，力达掌根（目视东南方）。

3. 玉女穿梭三。右胯松沉，向东北方扣右脚，以腰带身体左转，两手虎口斜相对，右臂随腰左转至胸前，右手置于左脸前侧，掌心向左，左掌置于左腿外侧，掌心向下。继而，左胯根向后上抽，左腿旋膝旋踝，左脚掌着地，随之原地旋转。同时，左掌向右抄手，掌心斜向右，

◎ 玉女穿梭2 ◎   ◎ 玉女穿梭3 ◎

右手继续向右，至于左脸前上方。继而，右肘下沉，随坐腰屈肘蓄力，右掌在胸前，指尖向上；左手内抄，小臂外侧向上掤架至额头上方，掌心向内。继而，左膝顺势上提，起左腿向前踏出半步，渐成左弓箭步。同时，左小臂继续上掤，旋臂旋腕，变掌心向前；右掌向斜上旋转外拨，旋臂旋腕，力达掌根（目视东北方）。

4. 玉女穿梭四。面东北，动作相同。唯方向由东北转至西北。

5. 玉女穿梭五。面西北，动作相同。唯方向由西北转至西南。

动作要点：玉女穿梭共做五个隅角。自西南方始，继而东南方、东北方、西北方，再回到西南方。该动作内含上提、下坐、前撑、后拉、左旋、右转六面之力，转身幅度大，动作复杂、细节较多，上下肢的协调配合就显得十分重要。

◎ 玉女穿梭4 ◎

◎ 玉女穿梭5 ◎

动作用法：以第一个玉女穿梭为例。若对方自我右后方，以拳向我头部袭来，我迅速转身，右手顺势向右拨转、捋带对方，使其落空，同时蓄力。若对方感到失去重心，下意识抽身换势，我左手顺势由下向上掤架其大臂，并向外拨转，同时上左步封住对方后撤之腿，将其向后上方擎起。随之，提起左腿再向西南方踏出半步，右掌随之向斜上发力，旋臂旋腕，将对方腾空掷出。

四十八、过渡动作　揽雀尾

此势为过渡动作，动作与第二势相同。

四十九、第四十势　单鞭

此势与第三势相同。

五十、第四十一势　云手

此势与第二十三势相同。

五十一、过渡动作　单鞭

此势为过渡动作，动作与第三势相同。

五十二、第四十二势　下势

动作要求：重心移至左脚，随之撤右脚，左脚向后蹬伸。同时，两手虎口向上，左掌心向右，右掌心向左，随左脚向后蹬伸之力顺势向右后方捋带。随之，右转腰，右腿屈膝下蹲呈仆步，两手随右腿下沉向后、向外划圆，继而变掌心向下，两掌下按（面向正东方）。

动作要点：仆步时要先松腰开胯，右膝与右足尖方向一致，不可低头、突臀、前俯。向后变仆步过程中，左膝伸展与右肘后拉两劲相合。两手向下有扑按劲，如同突然振翅下拍。

动作用法：若对方以右拳击来，我以右手覆挂其腕，左手覆其肘，顺势撤步以卸其力，使其前扑落空。若对方两手向我扑来，我顺其势搭

◎ 下势 ◎

于对方手臂或肩上，向后撤大步引进落空后，猛然用腰劲向下扑按。若对方用腿踹击，我顺其势，双手引进落空，突然向下沉按。

五十三、第四十三势　金鸡独立

动作要求：

1. 右金鸡独立。重心前移至左腿，成左弓箭步，同时两手虎口向上、向前穿掌。随之，左腿伸直，右腿屈膝上提，右掌立掌上托，肘膝相对，指尖与眉同高，同时左掌坐腕下压至左胯侧。目视前方（面向正东方）。

2. 左金鸡独立。右脚向右后侧方落地，膝微屈，重心移右脚。随之，右掌向下压至右胯侧，同时左掌立掌上托，左膝上提。目视前方（面向正东方）。

◎ 右金鸡独立 ◎

◎ 左金鸡独立 ◎

动作要点：托掌、提膝与下按掌三者同步。掌的下按与上举，以腰为界上下对称用力。

动作用法：接前势。我引对方之力向前落空，对方本能起身向后抽身换势，我顺对方向后抽身之势，以左手向外挂开对方右手并下压。同时以右掌上托其下颌、肘击其心窝、右膝击其裆腹。脚落亦可踩其脚。

五十四、第四十四势　倒撵猴

此势与第十四势倒撵猴练法相同，唯在转动的方向上略有差异。第一个倒撵猴从金鸡独立（正东方向）开始接倒撵猴，完成时面向正北方。第二个倒撵猴面向正南方（也有传人直接转至西南方）。第三个面向西北方。第四个面向西南方。

五十五、第四十五势　提手上势

此势与第四势相同。

五十六、第四十六势　白鹅亮翅

此势与第五势相同。

五十七、第四十七势　搂膝拗步

此势与第六势相同。

五十八、过渡动作　手挥琵琶

此势为过渡动作，动作与第七势相同。

五十九、第四十八势　海底针

此势与第十九势相同。

六十、第四十九势　青龙出水

此势与第二十势相同。

六十一、第五十势　三通背

此势与第二十一势相同。

六十二、过渡动作　揽雀尾

此势为过渡动作，动作与第二势相同。

六十三、过渡动作　单鞭

此势为过渡动作，动作与第三势相同。

六十四、第五十一势　云手

此势与第二十三势相同。

六十五、过渡动作　单鞭

此势为过渡动作，动作与第三势相同。

六十六、第五十二势　小探马

动作要求：

1. 左小探马。重心移至左脚，跟右步，重心移至右腿。随之，坐腰，提起左腿向前踏出半步，重心弧形前移，成左弓箭步。同时，两掌相向而行，右掌从腰部立掌斜上搓出，掌心斜向下，左掌下行划立圆，旋臂旋腕，掌心向上至于右肘尖正下方（面向东北方）。

2. 右小探马。重心移至左脚，跟右步。随之，右脚掌支撑，松腰沉胯，左脚扣向东南方。继而，腰向右转，坐腰，右胯回抽，右腿旋膝旋踝。继而，提起右腿向前踏出半步，重心前移，渐成右弓箭步。同时

◎ 小探马 ◎

两掌相向而行，左掌从腰部立掌斜上搓出，掌心斜向下，右掌下行划立圆，旋臂旋腕，掌心向上至于左肘尖王下方（面向东南方）。

3. 左小探马。动作同右小探马，方向相反（面向东北方）。

动作要点：虽然小探马借鉴了"探马"之名，但动作用法上却有别于高探马。其他的太极拳流派都没有这个动作。这个动作是王其和从当地红拳"搓掌"借鉴而来，是红拳动作与太极拳劲法的融合。

动作用法：此势属于腕肘擒拿。一掌搭住对方腕部，另一掌搓按对方肘部，前手回收与后手前搓，以对旋扭矩力来控制对方小臂，进而控制其全身。

六十七、第五十三势　抹眉掌

各派太极拳中均无"抹眉掌"一式，抹眉掌是为王其和从其他拳种引进而来，如《八卦掌六十四掌歌诀》曰："金丝抹眉手缠腕，拿住敌手往下按，进步伸手抹眉掌，搬得对方面朝天。"这个动作用法与王其和太极拳的抹眉掌用法是一致的。在红拳、梅花拳中也都有"抹眉掌"，这几种拳术王其和都曾接触过。

动作要求：接上势。重心移至左脚，跟右脚，随之坐腰，重心移至右腿，左脚为虚步，脚掌着地。继而，右臂屈肘随坐腰向右腰侧抽回，右手随之旋臂旋腕变斜立掌；同时，左掌自右臂上向前抹穿，旋臂旋腕，掌心斜向下抹按，至前额高。继而，左腿旋膝旋踝，提起，向前踏出半步，重心前移，渐成左弓箭步；同时，左掌旋臂旋腕向上提、掤，至于额头前上方，掌心向外，右肘下沉，右掌下沉前按，旋臂旋腕，掌心吐劲朝前踏，力达掌心。目视前方（面向正东方）。

动作要点：左掌抹按与右掌回抽、右转腰三者结合，要有对称劲。左腿上步、右肘下沉要有对拉劲。右掌前按、左掌上提、右腿蹬伸、左腿刹劲，四劲力合一。

动作用法：接上势。若我右掌前搓，对方与我对抗，向我推来，我顺势以右掌捋带向右引化、拨转，引进落空；同时，左掌沿我手臂上侧向后抹按其额头。这时，若我动作未到位，对方挣扎上顶，左手向

◎ 抹眉掌 ◎

上托我左臂，我顺势向上引带其手，使其重心上升，同时我身体下坐，提起右腿向前踏出半步，控制其后退之腿，以右掌掌心吐劲，将其腾空击出。

六十八、第五十四势　十字摆莲腿

动作要求：重心移至左脚，右脚随之撤步，扣左脚向正西方，腰向右转；同时，两臂交叉，左手置于右肩前，食指与右眉梢同高，掌心向右肩方向；右臂向左转至左手臂下，掌心斜向内。继而，右腿提膝右脚勾脚尖，先向左再向上、向右弧线摆踢，力达右脚外侧；同时，两掌先向右摆，当右腿向右摆到右肩前上方时，双手由右向左拍击右脚外侧。

◎ 十字摆莲腿 ◎

目视正西方。

　　动作要点：扣摆时，保持重心稳定。踢腿时，用合力将腿摆踢而出。

　　动作用法：若对方从身后向我袭来，我急向后转身，左手推击其手臂，顺势引化，使其力点落空；同时，以右手挂开对方手的进攻，并控制其重心。当对方失去重心时，用右脚摆踢其面、肋、胸部。

六十九、第五十五势　上步指裆捶

　　动作要求：右脚向前落步，重心前移至右脚、坐腰。同时，右掌顺

◎ 上步指裆捶 ◎

势向右后下方弧形将带至腰右侧，左掌顺势从下向左、向右划圆至于中线位置，掌心向右。继而，左腿提起，向前踏出半步，重心前移，渐成左弓箭步。同时，左掌不动，右掌握拳随上步自腰间螺旋向斜下冲，拳眼向上，右手立于右肩前。目视前方（面向正西方）。

动作要点：左腿上步时，左手也向右将带格挡，至于中线位置。

动作用法：这个动作躲闪与进攻同步。若对方拳脚相加向我袭来，我右手将带其前手或其足。同时，提起左腿向前踏出半步封其腿，左手拍挡控其身，右拳向前下方击其小腹关元穴或裆部。

王其和太极拳

七十、第五十六势　揽雀尾

此势与第二势相同。

七十一、第五十七势　单鞭

此势与第三势相同。

七十二、第五十八势　下势

此势与第四十二势相同。

七十三、第五十九势　上步七星捶

接上势。左脚尖外摆至正前方，重心移至左脚，膝关节微屈。同时，左掌向前弧形上撩，小臂随之外旋向上掤撑、拨转，掌心向前。随之，右掌变拳，由右腰经左手虎口螺旋斜上冲出，拳面向前，拳眼向左。同时，上右步，右脚掌虚点地，落于左脚前，左掌虎口护于右小臂内侧。目视前方（面向正东方）。

动作要点：左手小臂上挑，引领右小腿而出。左膝与右肘相互呼应，左腿伸膝时如绳牵引右肘前行。左手向后捋带与右脚进步、右拳斜上冲要同步，右拳向前冲时，左手虎口突然制动，力达右拳面。

动作用法：若对方以右拳向我胸部击来，或双手向我扑来，我顺势右腿后撤，向后下采对方手臂，引进落空。若对方欲抽身

◎ 上步七星捶 ◎

后撤，我随对方向后上方掤，上挑其臂并向外拨转前按，顺势上右步向前螺旋猛冲，击对方下颌或胸。

七十四、第六十势　撤步跨虎

动作要求：重心下沉，撤右脚，重心移至右脚，坐腰下沉。随之，左腿足掌着地，成虚步。同时，两手交叉，向下从两侧划弧，右拳变掌，随右臂弧形上行上掤至头部右侧上方，左掌向下搂于左膝外，两手虎口相对。目视前方（面向正东方）。

动作要点：右脚后撤，脚底放平，两手虎口相对，有相吸相系之意。

◎ 撤步跨虎 ◎

动作用法：撤步跨虎是一个防守动作。若我前冲中遇到顶抗或对方以两手向我推击或拳脚连续袭来，我两手顺势撤步向下按，引进落空。继而，两掌从两侧绕至其肩背，向下猛然按击或点击哑门穴。同时，提膝攻击其头面、胸口或裆腹。若对方先用右脚踢，再以左摆拳向我挥击，我急撤步躲闪以空其势，两手下按阻击其踢击，右手向外上架防对方左摆拳，左手外挂挡拨转对方右腿踢击，左腿虚步预备势，视对方情况或提膝攻击胸腹，或踢其小腹，或撤步。

七十五、第六十一势　转脚摆莲

动作要求：重心在右腿，腰向右转，以右脚跟为轴，脚尖外摆至西北方。继而，左脚掌上步，蹬地助力右转，左脚内扣，脚尖扣向东北方向；同时，左小臂随左脚摆至右肩前，掌心向西南方，食指与眉齐高；继而，右掌由左腋下穿掌，随腰向右转，沉右肩坠右肘，翻转，掌心向南方，眼随右手转动。随后，重心移至左脚，右脚勾脚尖先向左摆，再向上、向右摆踢；同时，两掌自右向左双击右脚背外侧，双手继续向左摆动，两掌与肩同高，右掌摆至左腋前，掌心斜向内。

动作要点：右脚掌抬起，以脚跟为轴旋转，左脚掌蹬地发力，辅助右腿转动。右脚提膝摆腿，要借助身体的拧劲。

动作用法：转脚摆莲是一个败中取胜的方法。若对方猛然前冲，用左手摆拳挥击，又用右脚踢来，我急退步以空其势，右手向外上架左摆拳，左手向外挂挡、拨转对方右腿踢击，左腿虚步待敌。在对方前腿落地瞬间勾踢对方脚跟，使其摔倒。若对方抬腿躲过，或我踢空，或对方动作过快，我顺势急向右后方撤大步，躲过对方攻击，并向右转身，左手向右后拍击，阻击、控制对方第二波的攻击，并保护自己后脑。随之，我右手向右后加速抡摆，用右手外侧砍击对方颈部动脉，复以右臂自下向上挑击对方来手，并上穿向右后下压，再次用右脚勾踢对方重心腿，使其摔倒。若对方从前面打来或双手推击，对方右脚在前，我可以顺势双手向右拨转。同时，右脚向右勾踢对方脚踝，若对方失重，勾起之脚可顺势上摆扫击其颈、面部。

◎ 转脚摆莲 ◎

七十六、第六十二势　挽弓射虎

　　动作要求：左脚扣向东南方，右脚旋膝旋踝，顺势转向东南方。同时，两掌自左下向右上随腰右转，向西南方将带划立圆，进而握拳，两拳眼向上。继而，提起右腿向东南方踏出半步，重心前移，成右弓箭步。同时，两手上提，左手拳棱向东北方击出，右手上提于右额头前，与左拳对拉，如射箭状。目视东北方。

　　动作要点：腰向右转、肩向左转与右拳拉弓内撑三者劲力相合。左拳与右肘合劲如同一条直线。

王其和太极拳

动作用法：

1. 若对方从前面以双手向我扑来，我两手接其劲，若对方劲力偏左，我顺势向右转腰，两手向右侧捋带、滚压对方双臂，使其向我右后方跌出。若对方已调整重心，欲上挑挣脱，我顺势外挂，随之提起右腿向前踏出半步，右腿控制对方重心，左拳棱击其耳根翳风穴。

2. 若对方左拳从外侧击我头右侧，又以右拳向我头部进攻，我顺势向右转腰，两拳从其左大臂内侧向右外拨挂，同时右脚上半步，左手借右拳反挂之力，右肘与左拳合劲，沿其左臂上侧如箭射出，左拳棱击打对方翳风穴或人迎穴。

◎ 挽弓射虎 ◎

七十七、第六十三势　双抱捶

　　王其和太极拳中的"双抱捶"名称是武式太极拳而来,但其运行路线,既不同于武式的"双抱捶",也不同于孙式的"双撞捶",更不同于陈式的"当头炮"。武式的"双抱捶"是右腿后撤,两拳分开收于胸前两侧,两手由拳变掌下按至两胯旁;孙式的"双撞捶"则是"两拳手背仍朝上,如前边有一物,即速往前直着撞去。两胳膊似曲非曲,似直非直"(《孙式太极拳》)。

　　在劲路和用法上,王其和太极拳的"双抱捶"更接近戴氏心意拳的"炮拳",向后收合划立圈后向前拍击而出,犹如海浪拍岸。王其和曾走过镖且在山西教过拳,戴氏也从事镖业,但是由于一些历史原因,这

◎ 双抱捶 ◎

个动作是否是从戴氏的心意拳借鉴而来已不得而知。

王其和太极拳的"双抱捶"是两拳心向下、拳眼相对,两拳向下、向内划圈,至小腹时两拳内旋,拳背相对,继而沿中线向上翻滚,两拳从胸口翻出,拳面向上,拳背斜向下,用腰背劲向前下方甩拍,如海水拍岸之势,力达拳背。

动作要求:接上势。向右转腰,两拳随腰右转,当两拳面至于东南方向,拳心向下、拳眼相对时,弓腰沉胯,向东南方踏出半步,渐成左弓箭步。同时,两拳旋为拳背相对,向下、向内收至小腹部。继而,两拳向上沿中线划立圆,从胸口翻出,两拳眼朝外,拳面斜向下,顶头立腰,以腰背劲向前下方拍击,力达拳背,如江水拍岸之势。目视两拳。

动作要点:两拳向内走立圈要用腰胯小圈带动手的大圈,引动对方,对方欲向后时,迅速以拳背向前下拍击。拍击时,要用腰背劲,如江水拍岸之势,激起水浪,一拍即起。

动作用法:若对方将我双手握住,我以腰胯力向后带,两拳背相对,由下向内、向上、向外划圈。对方失重前倾,下意识向后挣脱之时,我提起左腿向其裆内踏出半步,将其向上掀起,两拳迅速向前下拍击。

七十八、第六十四势　合太极

动作要求:重心移至左脚,力螺旋下沉至脚底。随之右脚跟半步。继而,右脚后撤,同时向后抽吸两臂,两拳逐渐变掌,左掌外旋变掌心向上,右掌内旋变掌心向下,左掌原地翻转,右手向下抽,经左手小臂内侧、肘部至右小腹前,掌心斜对关元穴。继而,左脚抽回,两脚并拢,向正南方。继而,右掌由右侧向上升与肩同高,手向内旋,左手内旋,两掌心相对。继而,两掌翻转至掌心向下,经胸部收于腹部,气归丹田。随之,两掌下落,掌心朝下,伸膝还原,如预备势。目视正南方。

动作要点:这个动作与第一势动作方向相反,重点是要将周身之气,旋转内抽,如同漩涡向下旋转,合进丹田之内,又如同中国意象中

◎ 合太极 ◎

青龙盘旋回到海中，潜入海底。所以，此势亦称"苍龙归海"。第一势
如青龙从平静的水面盘旋而出，盘旋周流，收势时如龙回归大海，风平
浪静。

第三节

王其和太极拳拳架的技法要求

一、身正心静

无论站桩、走架、静坐，王其和太极拳都要求保持身正心静。《十三势总歌》曰："尾闾中正神灌顶，满身轻利顶头悬。"人的骶骨是整个脊柱的底座，尾闾中正与头部中正结合就形成身形的整体端正。头是一身之统领，如果头出现前俯后仰、左歪右斜，就会引起躯干和四肢肌肉反射性收缩。

心静是开启太极之门的钥匙，也是通向太极拳高深境界的根基。练太极拳的关键与核心在于练松静。松与静是紧密关联在一起的。松下来才能够静，静下来才能够更好地松，两者相互促进，才能将人的身心引向更深的层次和境界。

静也是太极懂劲的基础。《太极拳论》所说的"一羽不能加，蝇虫不能落"与"人不知我，我独知人"的境界，都是建立在静定基础之上的。心静才能感知精微，如杨澄甫所说："静本还无极，心神合一，满身空空洞洞，少有接触即知。"

二、气沉丹田

"气沉丹田"在太极拳中极为重要。它既是练气的功夫，也是太极之根本，亦是养身之道。丹田是人体的核心，亦即人体中定所在。王其和太极拳的诸多身法要求，核心目的也是保障能够处于气沉丹田的状态。每个动作都应在此状态下完成，动作开始，气自丹田而出，动作结束，气又回归丹田。

气沉丹田后，呼吸会变得顺畅，内心感到恬静，口内唾液增多，产生清凉之感，形成"腹内松静气腾然"的状态。而且，"气沉丹田"可以使全身处于随时待命的状态，接力时一呼而出，如闪电般迅速。

三、执两用中

太极拳的"中"指"中定","两"指阴阳。"中定"是太极拳的核心要求，也是太极拳最根本的劲法。太极拳十三总势以"中定"为核心，形成八面支撑，上则虚领顶劲，中则气沉丹田，下则脚底放平，所有动作都沿虚轴旋转而出。但太极拳的"中定"并非事物的中间或一条固定不变的劲力线，而是指相对于"阴阳""两端"的存在。如果"阴阳""两端"不存在，"中"也就不存在。"中"与"两端""阴阳"的关系就如同河流与两岸，没有两岸的关系，河流就不存在。这也是太极拳"执两用中"的含义之一。

在太极拳上，"执两用中"表现为无固定招式，阴阳两端相互为用，即左右、前后、上下，一端受击，另一端反击。如《孙子兵法》所说："击其首则尾至，击其尾则首至，击其中则首尾俱至。"

四、心意主导

太极拳行功走架要求"用意不用力"，王景芳也曾强调"太极拳用的是神意，用力打人不算拳"。但这句话不够准确，极容易引起误解。更贴切的理解是太极拳不主动用力，而是顺势用力，并非某些人所讲的力量越小越好。因为任何姿势的完成都需要肌肉的参与，如果完全不用力，动作是无法完成的。相反，身体素质越好、肌筋膜力量越大，越有利于技术动作的掌握与稳定。

太极拳的"意气君来骨肉臣"比"用意不用力"表达得更为贴切，这指的是发挥人意识的主导作用，在意识的引导下全身统一协调运动。太极拳的螺旋是向量螺旋，它利用人体势能，靠动力链自然传导而成，而不是依靠努气、用力取得效果。人的意识只起到引导这种运动、顺势而为的作用，如同牵牛之绳，所用之力能使动作有效完成即可。主动用力的意识会干扰或破坏向量螺旋整体系统劲力的运行。如杨澄甫所说："若不用力而用意，意之所至，气即至焉，如是气血流注，日日灌输，周流全身，无时停滞。久久练习，则得真正内劲，即《太极拳论》中所云：'极柔弱，然后极坚刚'也。"

五、以势代力

任何运动都必须有力的参与，否则就无法运转，"用意不用力"，涉及太极拳最为重要练法，即"以势代力"。

"以势代力"指借助地心引力和腰髋"偏重则随"的结构，利用重力势能带动身体运动。受地心引力的影响，如果减弱人体向上顶起的几个支撑力，自身重量就会如自由落体般向下松沉。太极拳要求借地力行拳，欲要借地面之力，就先要向下松沉，将自己的体重完全交给地面，用身体向下的松沉之力去找地板，整个脚底的力量如同穿透地板一样。当松到脚底时，大地的反作用力就开始增大，这时候就能够找到地板赋予人体的反作用力，力从脚底"反"回来，顺着小腿依次向上升，层层向上托起身体，类似撑竿跳借竿向下撑的反作用力向上起身。

太极拳之所以要求松腰、松胯，也是为了利用地面的反作用力行拳。王其和太极拳有"打拳如坐轿""打拳如坐船""打拳如担水""打拳如井中提水""练拳如脚踩浮莲"等说法，描述的都是借到地力之后人体产生的升腾感。

一侧胯垂直向下松沉（不允许骨盆的倾斜），会造成两侧腰胯和肩不处于同一个平面上，进而形成"偏重则随"的结构。但这种松沉不是单纯垂直向下的，而是旋转下沉的。当人体一侧腰胯沿自身体重向下松沉时，由于髋关节的球窝结构具有多项转向轴特征，就必然造成转动，形成螺旋，重力落差好似多米诺骨牌，顺势依次螺旋传递，如旋转楼梯，直达脚底。到脚底后，地面的反作用力就会增大，进而沿小腿上传，顺着另一侧顶起的腰髋交叉上升形成螺旋。

太极拳就是依靠人体重力势能落差转换产生的动能，达到以势代力和借地行拳的目的，这就是王其和太极拳说"开始人练拳，后来拳练人"和"用意不用力"的原因。这种练法看似进步很慢，却是真正太极功夫的开始。人一旦有自己用力的意识，就会局部肌肉紧张，与地力极容易产生矛盾（而不是自己之力与地力相合），致使地力无法在身体结构中传导，进而感受不到地力的存在，也就不能顺地力而动，非丢即顶，违背了太极拳的宗旨。

六、以胯代手

王其和太极拳在行功走架要求形成"以胯代手"的运动模式。"胯"是人体最大的关节，它上连脊柱躯干，下连两腿关节，既是上力下传、下力上递的关键，也是人体产生整体爆发力的关键。掌握以胯代手的运动模式，是太极拳产生"一动无有不动"整体性运动的关键。李小龙在影片《猛龙过江》中说："不能腰马合一，练任何功夫都是软手软脚的。"这既是台词，也是事实。

而且，人的髋关节是球窝关节，活动范围很大，两髋关节与腰配合后能形成多向性运动特征。髋关节的两个点，如同太极图的两个点，左旋右转、一实一虚、一上一下，带动全身形成"左重则左虚，右重则右杳"的运动模式，全身如同跷跷板或提线木偶一样，在腰胯的指挥和协同下完成。人的胯是人体阴阳变化之枢纽，胯与骶骨一起形成了一个稳定的三角形"转向轴"，各项力量均可由此转换。自己的两胯如同对开门的两个门轴，对方如果从一侧推来，不用力则推不动，用力则会沿着侧面的圆轨迹向外落空。即便向中间推来，也如同推到对开门中间虚掩位置，所推的门向后向侧开，推门的人则会突然扑空，因而失去平衡向前跌出，这也是"引进落空"的关键所在。

七、含胸拔背

含胸拔背在太极拳中极为重要。王其和太极拳的每个动作都有含胸拔背的要求。按照王其和太极拳的要求，"拔背"是第三胸椎棘突略有"抻拔劲"，后腿膝窝处及肘窝处的筋也略有"抻拔劲"，形成上体略微前倾的结构。但这种结构不是刻意塑造身体外形，而是力发于脊之时自然形成的，如同山羊抵头，只是山羊脊椎是横向，人的脊椎是纵向。

"含胸"可使心窝处内含，从而贯通任脉，使气有效沉于丹田，"拔背"则是气沉丹田后自然形成的。杨澄甫在《太极拳十要》中说："涵胸者，胸略内涵，使气沉于丹田也。胸忌挺出，挺出则气拥胸际，上重下轻，脚跟易于浮起。拔背者，气贴于背也。能含胸，则自能拔背，能拔背，则能力由脊发，所向无敌也。"从气机上讲，吸气时，气从脚底升，走督脉而上行；头领起身体，舌抵上腭，配合收下颌和咽喉内收，使气沿任脉降入丹田。呼气时，横膈膜继续下压，丹田之气一分为二，一部分翻裆过背，顺着骨节向上走，形成小周天，另一部分从小腹下降，力达脚底板，随着地面的反作用力上行到尾闾，内气自下而上沿背后三关（尾闾、夹脊、玉枕）向上升腾，带动脊柱展开，再经过肩膀和枕骨玉枕穴，形成"拔背"和"气贴背"的效应，通过收下颌和咽喉内收，气沿任脉下降入丹田，形成大周天。从生理学上讲，横膈肌先

◎ 含胸拔背 ◎

于腹部肌群启动，随着吸气收缩、下降（往骨盆底肌的方向），大气压大于肺内压，空气得以进入体内。横膈膜下降时，腹肌与盆底肌反射性收缩，产生将横膈膜从后向上推的压力，形成"拔背"和"气贴背"的效应。

八、吞吐拧合

吞吐拧合是王其和太极拳必备的身法。

王其和太极拳的每个动作都含有"吞吐"。"吞"指躯干的螺旋压缩，为束身之法；"吐"指身体舒放，为展身之法。王其和太极拳的"吞"是通过含胸坐腰，带动身体向涌泉抽吸形成向心螺旋，进而吞吸对方来力，达到引进落空和束身蓄力之目的；"吐"则是在引进

落空之后，对方欲抽身后撤时，顺势将蓄储的弹性势能"吐"出来作用于对方。"吞"与"吐"结合，即《太极拳论》中的"引进落空合即出"。王其和太极拳的"吞吐"应该源于杨、武两家，杨班侯《太极拳歌诀》有"太极阴阳少人修，吞吐开合问刚柔"的说法。而武式太极拳有"敷、盖、对、吞"的"四字秘诀"，"吞"为其中之一。

王其和太极拳的"拧"在螺旋劲的形成过程中非常关键。吞吐只是纵向的运动，拧裹则是横向的运动，只有通过拧裹，各种力才能围绕中心轴旋转形成螺旋。通过拧裹，"吞"会如同水的漩涡，向内抽吸，带动人体以压缩旋转的方式，形成向心螺旋；"吐"则如同龙卷风，形成离心螺旋。这个过程中，胸腰折叠、拧裹尤为重要，胸腰间的折叠拧裹如同枪膛的来复线，是形成螺旋的关键。所以李亦畬说："紧要全在胸中腰间运化，不在外面。"

"合"是吞吐形成共轭的关键。太极拳内旋为收、为含、为蓄；外旋为开、为放、为抛掷。正是通过"合"，才能在空间上将向心、离心融合，形成对偶共轭的立体螺旋运动。从太极图可以看出，太极涡旋向内旋拧的速度越快，向外抛物的速度也越快，能量也越大。

但需要注意的是：王其和太极拳的"吞吐"不是用局部的肌肉快速收缩发力，而是以心意引领膈肌的收缩形成束身和拧裹运动；拧合、束缩也不像拧毛巾，相反，在身体的拧缩中，脊柱关节间应轻微撑开。内行都知道，"功夫越大的人，动作越收缩、越团团（收缩、收紧之义）"，尽管看上去没那么美观、大方。这是因为筋骨内部开合空间越大，束缩、拧合的幅度就越大，展放出来的劲也就越大。

九、六合如一

王其和太极拳的"六合"有两重含义：一是内外三合，即肩与胯合、肘与膝合、手与脚合、心与意合、意与气合、气与劲合；二是指三维空间上的六合，即：前后、左右、上下。

外三合的位置是太极拳的规矩所在，位置正确才可能出劲。外三合既表现为外形的对应，也表现为劲力的相合。位置上的相合有正斜之分。正合是左肩与左胯、右肩与右胯相合，斜合是左肩与右胯、右肩与左胯相合；肘与膝合在位置上是前肘与前膝相合，在劲上是前肘与后膝相合；手与足合在位置上是前手与前足相合，在劲力上是前手与后脚相合。

内三合中"心与意合"的"心"是人的意识，"意"则是意识指向性与目的性的合一。"心与意合"是意识与意识指向性的统一。"意与气合"是人对自身机能的调动与目的性的高度统一。"气与劲合"则要求鼓荡之气与用劲保持一致。如动作外开时呼气，内收时吸气，能够增大发力效果。

太极拳通过"六合"将身体劲力合成一个整体，以达到内外一贯、上下相随、周身一家的目的。实际上，太极拳的内外三合，仍遵循"阴阳相济"的原理，即上下相随、内外相合、左右相连、前后相应。

十、三尖相照

三尖相照是王其和太极拳发劲的指导原则。所谓三尖，即手尖、足尖、鼻尖。需要注意的是：三尖相照是矢状面上的相照，即脚尖与指尖、鼻尖指向同一方向，而非冠状面（额状面）的相照。冠状面的三尖相照，会造成身体过度前倾，既影响发力，也影响灵活性。王其和太极拳是圆弧与直线结合的艺术。圆弧线要转变为螺旋直线，必须要向矢状轴上合劲，需要尾闾与脚尖、鼻尖、手尖在一个矢状面内，沿矢状轴呈一条直线，目光沿手尖前视，如同枪瞄准准星。以搂膝拗步为例，前手走弧线，如同球体旋转，后手发力时呈直线螺旋，后腿脚跟与鼻尖、前手掌根呈一条斜直线，后脚与前手的夹角越小则合力越大。

十一、三圈相叠

王其和太极拳的"三圈"分为三种：

一是指平、立、斜三个圈。平圈是两肩、两髋的水平转动；立圈指由髋关节带动的身体上下转动；斜圈指左肩右胯、右肩左胯相合形成的斜圆转动。王其和太极拳每个动作指以立圈为主，兼具平、斜两个圈。

二是外三圈，即手足圈、腕踝圈、肘膝圈。百会穴、会阴穴、涌泉穴三点连成一条直线。从这条线到手或脚尖的距离为外圈，也称为手足圈；从这条线到腕或踝的距离为腕踝圈；从这条线到肘或膝的距离为肘膝圈。

三是内三圈。内三圈以肩胯为大圈、胸腰之间的转动为中圈、仅尾骨与髋关节的转动为小圈。太极拳界有"要想练好拳，先把圈划圆；要想练得好，要把圈练小"之说。

上、中、下三盘以百会、会阴、涌泉为中线套叠，形成大圈带小圈、小圈催大圈、圈圈相叠、环环相套、八面支撑的人体点状球体，达到触处成圆、引进落空、避实就虚、浑身处处皆是拳的目的。

十二、反者之动

宇宙空间的天体都在做圆运动，太极拳的核心也是圆运动，而圆运动的基本原理是"反"，太极拳是用"反"的艺术，太极图的"S"也是表达、阐明这种规律的图示。按照道家"反者道之动"的思想，所有的事物都向着其对立面转化。太极拳欲上先下、欲前先后、欲左先右的理念也蕴含着"反者道之动""物极必反"的思想，如一股劲旋向脚底的同时，必然有相反的另一股劲从脚底上传。太极拳的"舍己从人"也是通过"S"借调对方之力，再顺势还给对方，转化为攻击。王其和太极拳每个动作都含有"S"运动，这也是"反者道之动"的基本法则在太极拳中的体现。太极拳的螺旋内含多个S形，向心运动为化、为收、为合；离心运动方向为发、为开。

十三、对拉拔长

王其和太极拳要求各个部位间形成阴阳对称，每个动作都以腰脊为中心，形成上下、左右、前后、斜前斜后的多方向对称，进而形成"八面支撑"。如"虚领顶劲，气沉丹田"就是头腔与腹腔之间上下对拉形成斥力。对拉拔长也属于"分阴阳"的一种形式，在手与足、手与手、足与足、腿与腿之间都存在这种关系。但对拉拔长不同于拔河，而是两股力两端相争、反向旋转，进而产生反作用力，形成反向的对拉劲。

对拉拔长对于太极拳特别重要，它是太极拳"劲"形成的关键。正常的运动模式都是通过肌肉收缩和肢体屈伸发力，发力时肌肉收缩，然后舒张，再收缩再舒张，如此循环往复。太极拳的发力模式与一般肌肉收缩的发力模式相反，对拉拔长的筋骨运动犹如弯弓复原，太极拳之所以有"身备五张弓"和"蓄劲如张弓，发劲似放箭"之说，是因为其发力是通过自身形变储存动力势能，再通过回弹释放动能。

十四、开合鼓荡

王其和太极拳以离心螺旋运动为"合"，以向心螺旋运动为"开"。在劲力上，含胸、坐腰向下收为"合"，这时人的整体结构是缩紧的，如同一张弓被拉开的收缩状态；向前放劲时为"开"，而内部筋骨却是"合"。

李亦畬《五字诀》曰："吸为合为蓄，呼为开为发，盖吸则自然提得起，亦拿得人起，呼则自然沉得下，亦放得人出。此是以意运气，非以力使气也。"又曰："力从人借，气由脊发。胡能气由脊发？气向下沉，由两肩收于脊骨，注意腰间，此气之由上而下也，谓之合。由腰行于脊骨，布于两膊，施于手指，此气之由下而上也，谓之开。合便是收，开即是放。"

太极拳讲"动之则分，静之则合"。太极拳的开合以腰为中心，八条线中的一条线为主，其余七条线为辅。一条线放长，其他七条线也相应放长，一条线收缩，其他七条也相应收缩，放长是"开"是"呼"，收缩是"聚"是"吸"。

在气机上，从丹田向外达于末梢为"开"；从末梢返回丹田为"合"。"开"时，气从小腹丹田出发达于四梢，如投石入水波澜扩散而出；"合"时，气从四梢返回丹田；如此循环往复。两者结合就是"气宜鼓荡"。

十五、梢引肘收

"梢引肘收"是王其和太极拳的重要理法之一。"梢引"指手足向外伸展时，由意识引领指端形成一种向外的牵引力，犹如蜗牛之触须，引导身体向四面八方伸展。"肘收"则是动作向躯干收合时，肘关节带着全身收合，肘收手放，由此带领身体进行转向。这也是太极拳"肘以曲使"的重要内涵之一。如果"梢引肘收"做得好，就会形成自发的运动，行拳如行云流水，连绵不断，给人轻松自然之感觉，全身有轻微的电麻感，特别舒适、轻灵。这既是实践王宗岳《十三势歌》"仔细留心向推求，屈伸开合听自由"的具体方法，也是"若言体用何为准，意气君来骨肉臣"以及"以心行意、以意行气、以气运身"的具体落实。

十六、旋膝旋踝

旋膝旋踝的过程如下：原来辅助的支撑腿在旋转过程中随着实腿内扣，松胯圆裆。继而，胯句后上抽吸，辅助支撑腿的脚跟微起，脚前掌着地，膝关节上提，以膝关节为轴心，膝向外旋，踝关节向内旋，脚前掌随之原地旋转。然后，再顺势提膝向前伸小腿，脚掌擦地而行，踏出半步，重心逐渐前移，力沉脚底，气沉丹田，成弓箭步。

十七、旋臂旋腕

旋臂旋腕指每个动作在出手的瞬间，小臂与手腕有旋转或旋抖。单手、两手旋转的形式和方向，根据动作发力和用法不同，也都不同。

王其和太极拳的功法体系

第六章

第一节

王其和太极拳的静功

　　王其和太极拳的静功包括桩功、坐功、卧功、行功等，即传统所讲的"行走坐卧不离这个"。

一、太极桩功

　　站桩是太极拳练习必不可少的内容，有无极桩、守神桩、伏按桩、独立桩、活步桩、开合桩、三体势、升降桩等。王其和太极拳的站桩也称"守中土"，站桩的身法要求与太极拳的身法要求一致。如同样要求虚领顶劲、气沉丹田、含胸拔背、尾闾中正、目垂帘、舌顶上颚、脚底放平等。

（一）无极桩

　　无极桩也称"预备势"。站此桩时，要自然站立，两手自然下垂，置于大腿两侧，脚底放平，两脚横开一拳宽，二目垂帘，周身放松，似笑非笑，似尿非尿，似靠非靠，做到五平，即脚底平、头顶平、胯平、肩平和心平。无极桩不意守、不讲究行气，不受时间、场地限制，看似简单，却是太极拳不可或缺的重要环节。

（二）守神桩

　　守神桩也称"养神桩"。站此桩时，要身正心静，两脚平行而立，与肩同宽，脚底放平，臀部下坐，双手抬至胸前，臂半圆，腋半虚，十指微张，如抱气球状，百会穴与会阴穴相对，肩井穴与涌泉穴相

◎ 守神桩 ◎

对，目光内敛，呼吸自然，似笑非笑，似尿非尿。

（三）开合桩

开合桩在"守神桩"基础之上形成，增加了手臂的开合动作，双臂如抱大球状，掌心相对。随着吸气，两手缓缓向两侧分开，意想大球缓缓充气变大，此为"开"；随着呼气，双臂缓缓向内合，意想将大球缓缓变小，此为"合"。在开合中，手臂动作、全身动作与呼吸要协调一致，气沉丹田，劲起脚底，人体筋膜随之鼓荡，开时俱开，合时俱合。

（四）三体势

王其和太极拳继承了形意拳的下盘桩法，王其和太极拳称这一桩法为"三体势"或"三体式"。"三体势"又名"三七势"，这个动作是王其和太极拳的独特之处，也是打开王其和太极拳下盘之门的钥匙。两脚全脚掌着地，站在一条直线两侧，两腿微屈，前脚（以左脚为例）脚尖向前，后脚脚尖外展35°～45°，两膝微内扣，重心落于两脚之间，呈"前三后七"状，气沉丹田，劲起脚底。上则虚领顶劲、中则气沉丹田、下则脚底放平。双臂微屈，向左胸前合，左肩在前，左手指尖与鼻同高，右手掌在左肘内下方，双手指尖指向前上方，如"手挥琵琶"势。亦可前臂伸直肘微屈，五指自然分开，后臂靠肋，后手掌心向下至于脐下，两手虎口微撑，两掌心内抽、微凹，前手高与胸平，目视前手虎口方向。

◎ 三体势 ◎

（五）伏按桩

伏按桩与起势、伏虎势、收势要求相同。两脚平行而立，与

◎ 伏按桩 ◎

肩同宽，脚底放平，臀部下坐，背部后靠，脚底均匀受力，后脚跟受力略大，百会与会阴相对、肩井与涌泉相对、双手劳宫与涌泉相对。双手掌心向下，指尖向前，高度在脐上胸下，臂半圆，腋半虚，肘下垂，手心向下，指尖向前，目光内敛。

（六）升降桩

升降桩也称"起落桩"，是在太极拳身法和伏按桩的基础上，通过松腰、屈膝、松胯，沿着人体重力线垂直升降而成。"降"时，两腿缓缓屈膝半蹲，起时脚向下踩，伸膝，头向上领，气向下沉。升降桩可分为单腿升降、双腿升降两种。

二、坐功

坐功是太极拳练习必不可少的内容。坐功有平坐（坐椅凳）、跪坐、盘坐（散盘、单盘、双盘）等。王其和太极拳的身法要求也是静坐的身法要求，即虚灵顶劲、含胸拔背、尾闾中正、气沉丹田等。

（一）垂腿坐式

王其和太极拳要求坐在高低适宜的椅凳上，高度以坐下时大腿面水平为度。小腿垂直，两脚平行着地，两膝间的距离以能放下两拳（拳眼相对）为准。两手心向下，自然放在大腿面上，两肩下垂，腰须直但勿用力。肩井穴与脚底涌泉穴煦煦相照，头顶百会穴与海底会阴穴相照。垂帘，双目相交对视鼻梁根处的外光，把心意定在双目中心，再照视气穴，如同天上的太阳照射地上生长的万物，主化阴生阳，可使心火下降，肾水上升。

（二）盘腿坐式

"双盘式"是把左脚放在右大腿上面，再把右脚搬到左大腿上，两手相合置于小腹前面，腰脊头顶，骨节相拄，状如浮图。这个坐法稳固不易动摇。

"单盘式"是把右腿放在左腿上面，手势如前法，或半跏趺，或以左足压右足，皆可，次以左掌按右掌上，以两大拇指头相拄。

"自由盘腿"是将两腿互相交叉而盘坐，体态以端正自然为标准。两肩下垂，腰脊正直、虚领顶劲、含胸拔背、沉肩坠肘、下颌内收、舌抵上腭。

每次静坐，令耳与肩对，鼻与脐对。目须微开，垂帘，目光内敛，免致昏睡。神光照视气穴，耳听于气穴，意守于气穴，调息于气穴，使外来精气与神光相交，绵绵密密，存于丹田，口中化生津液，用意吞回，降入下丹田。久久忘缘，无一毫杂念起动，忽然一动，自成一片，入于混沌状态。

三、卧功

卧功的身法要求与站桩、拳架、静坐是一样的，只是姿势是躺着的。右侧卧，伸右腿屈左腿，右手置于头之前下，侧枕于其上，左手放在左胯上，含胸收腹，鼻子与尾闾对向相合，好像猫蜷成一团睡觉。虽然缩着，但轻微伸开脊柱，又盘着卧，越缩越松。卧功中还有一种"默拳"练法指的是通过想象来练习动作的劲法、路线、用力等。"默拳"属于传统内功的一种，现代心理学将其归为念动训练。

四、行功

王其和太极拳有"练拳如走路，走路亦能练拳"的说法，即指人的走路动作涵盖所有太极拳道理，在行功、走架中应遵循着"如何走路就如何练拳"的自然原则。同时，走路时亦可练拳，走路、跑步中的姿势尤为符合太极拳之理，这体现在意识、行气、呼吸、走劲等多个方面。

不仅如此，王其和太极拳要求"行走坐卧不离太极"，将太极拳生活化，与日常工作、锻炼方式、生活习惯等相融合、相贯通。张占祥就曾根据不同弟子的工作性质，逐一指导将太极拳生活化的方法，如售货员站柜台时练单腿桩，用松腰沉胯之力等。

王其和太极拳的训练程序

一、三阶六步

王其和太极拳拳架的训练分为三阶六步。

（一）初阶

初阶一步：初步掌握动作。在这个阶段，先掌握基本动作，再通过练习，初步了解太极拳手法、步法、手型、步型的基本要求，以及每个动作的运行路线和用法。身法上，先从尾闾中正练起，再逐步掌握其他要领。

初阶二步：松柔训练。通过松柔、松沉训练，将全身绷紧的关节、肌肉、韧带"拆开"，使肢体放长、关节腔放松，关节腔活动范围变大，润滑液变多，关节面润滑度增加。只有打开关节腔，动作才能顺着关节腔空间平顺、流畅地滑动。

（二）中阶

中阶一步：能够走肩胯大圈。这个阶段的动作遵循"屈伸开合听自由"的原则，意念越轻越好，每个动作都顺势而起、顺势而行、顺势而落。要求动作前后左右具备阴阳对称力，做到力沉脚底，并利用大地的反作用力，从脚底向上层层上托身体，以脚底之力推动拳势运行。

中阶二步：走中圈。中圈是大圈向小圈过渡的阶段，它的外形特征以胸腰运化和折叠为主，劲力特征以螺旋劲为主，弧与直线可以任意转换。

（三）高阶

高阶一步：走小圈。这个阶段以腰裆内在的运动为主，大、中、小圈相互套叠，层层而出，小圈缩小后，外形几乎看不到身体的动作，出手、出腿亦无螺旋之形，状似直线。

高阶二步：无圈。无圈是能够完全走内形，动作幅度也随之缩小到极限，接近于点，外形上已无圈的痕迹，有圈之意而无圈之形，脚底劲力与身体各部位均能贯通，全身如同点状球体。这个阶段变化无穷，螺旋上升，永无止境。

二、练功形式与方法

（一）动静结合

动静主要指站桩、静养功与拳架之间的比例分配问题。动与静一体两面，静功为阴，动功为阳，孤阴不生，独阳不长。动静结合，才能更好地提高功力。练习静功对于提高太极拳内功具有重要作用。

（二）站桩与拳架结合

太极拳有很多身法要求，通过站桩，可以在相对静止的状态下提高身法的准确度。每个动作在定势时，停三至六个呼吸，也是一种桩法。通过定势练习可以增强感受力，细心体会动作的要求，牢固底盘、增强自身毅力，对准确掌握每个动作有重大意义。

拳架练习是桩法的运用，能提高身法要领的灵活性、连贯性，站桩和拳架相结合，有助于提高练习者的拳艺。

（三）高练与低练结合

王其和太极拳的拳架可分为高、中、低三种练法，一般采用中架。习练高架追求轻灵圆活，以意带身。低功架是对下盘功夫的强化训练，练习强度大，体能消耗大。由于低功架练拳更容易"出功夫"，不少内部人士都采用低功架的练法。

（四）整套与单势结合

单势是针对性训练。单势练习也称为"单操手"，即把拳架中的某个动作拿出来单独进行循环练习，可以是身法，也可以是劲法、用法。这种练习，针对性强，可以迅速、有效地提高动作质量，增强对动作的认识。单势练习还可以在推手中进行，逐个强化动作用法、劲法，以及发力、化力的时机点。熟练后，不同的单动作之间还可以随意组合，不必按照原来拳架的顺序。

因为拳架是劲与劲衔接、转换的既成的套路，练习整套拳架的意义在于体会劲力在不同动作间的切换方式。

（五）正练与反练结合

正练是传统架子的方向。反练是练至全熟后，反方向练习拳架，如左势改右势、左手改右手、左脚改右脚、左转改右转等。"反练"分为单动作的反练与整趟拳架的反练。反练是反序运动的一种，传统拳架多是单向的，反练能使人的骨架、肌肉、神经系统得到更为平衡、全面的锻炼。

（六）慢练与快练结合

慢练是慢于太极拳常态速度的练习，是内外三合训练的步骤之一，通过心、意与气相合完成身法的训练。快练是快于正常速度的练习。快练为太极拳的补充，可以检验劲力传导的情况、身体的整体性、是否有劲力脱节等问题。

（七）轻练与重练

轻练是用最轻的意、最小的力练习。重练除了身体姿势低外，还包括每个动作的意义、劲法的传导、动作用法等方面的内容，做到"无人若有人"。轻练是太极拳的常态。重练只是太极拳的辅助练习。

（八）开展与紧凑

开展是动作舒展、放大。紧凑是束身向小里练。动作幅度大可以使身体关节韧带充分舒展。关节伸展后，再向紧凑处练。开展的目的是把身体练开，紧凑是为了收合。太极拳要"先求开展，再求紧凑"。

（九）练养结合

太极拳既要会练，更要会养。"养"包括养气、养神，以及精神境界的提升等多个方面。如同种地，练是耕耘，养是收获，只种不收，最后会把身体掏空，透支生命。

王其和太极拳的辅助功法

王其和在学练太极拳之前掌握多家拳法，因此其所传基本功法有很多。尤其是红拳。王其和太极拳的用法特点有"红拳加太极"及"红拳开门，太极打人"之说。另外，王其和太极拳注重散手的应用，除了强调"盘架子"和内外兼修外，还特别注重柔韧、力量、步法、发力和跌扑滚翻等基本素质的训练。

一、基本功

（一）腿功

练习太极拳首先要从腰腿等基本功开始。拳谚曰："练拳不溜腿，到老冒失鬼。"很多人学习太极拳是为了健身，只学一个拳架已很有挑战性，腿功练习逐渐被人们忽略了。坊间流传的"太极起腿不过腰"，实则是基本功太差，无法起高腿所致。而且，太极拳很多腿法也并非不过腰，如左右分脚、外摆腿。

在腿部基本功法上，王其和太极拳除了通过站桩、蹲起锻炼腿部力量外，还要通过压、耗、扳、正、摆、控、横叉、竖叉等练习，增强腿部的柔韧度、稳定性、灵活性和爆发力。

1. 压腿，主要包括：正、侧、后、仆步，有高、中、低压之分；耗腿，是在压腿，韧带达到最长时，保持一定时间，使其柔韧性进一步增加。

2. 扳腿，也称"撕腿"，主要包括：正扳腿、侧扳腿、后扳腿、横竖劈叉。

3. 踢腿，也称为"遛腿"，主要包括：正踢、侧踢、十字踢、外摆腿、里合腿。

4. 拍脚击响，主要包括：单脚击响、双脚击响、里合腿击响、外摆腿击响。

5. 屈伸性腿法，主要包括：弹腿、蹬腿、侧踹腿等。

6. 旋转性腿法，主要包括：前扫腿、后扫腿等。

7. 蹿蹦跳跃，主要包括：单飞脚、双飞脚、旋风脚、外摆莲，以及相关动作的组合。

8. 平衡性腿法：前提膝平衡、燕式平衡、望月平衡、朝天蹬平衡、仰身平衡等。

9. 下肢的力量：双腿的蹲起、单腿的蹲起；单腿的纵跳、连续跳等。

（二）腰胯功

前俯腰、甩腰、下腰、涮腰、翻腰、磨腰、磨胯，以及腰腹肌力量的练习，还有石锁、石担、摇辘轳等器械练习。

（三）肩功

肩功又分为压肩、抡臂、乌龙盘打、通臂功等。

压肩分为正压、侧压、后压。

抡臂分为双臂向前绕环、双臂向后绕环、双臂前后绕环。

上肢的力量练习，包括：借石锁、沙袋、石担、滑车等进行练习。

（四）跌扑滚翻

拿大顶、跌扑、滚翻（前、后、侧）、鲤鱼跃龙门、吊猫、抢背、扑虎、栽碑、鲤鱼打挺、乌龙绞柱、扑地蹦等。

二、太极推手

推手也称"盘手""磨腰"，分为单推手、双推手、定步推手、活步推手、三步半散推手，以及大捋和乱采花等，其中以向散手过渡的"三步半散推手"最具特色。虽然称为"推手"，但其实除了手的接触点外，还有腰、胯、肩、腿的接触性练习。

盘架子是"知己"的功夫，推手是"知人"的功夫，但其实，推手也是重新认识自己的过程，既可以检查劲路是否正确，也可以检查自身拳架的水平。通过推手可以改变用力习惯，将手和肩膀的习惯性发力改

王其和太极拳

◎ 太极推手 ◎

变为腰胯转化，脚底发力。 然而，养成这样的用力习惯非常困难，需要经过反复训练才能实现。推手也是训练舍己从人和听力、化力、借力的一种方法。在推手中，可以训练各个拳势和劲法的应用，一人发一人化，直到每个动作都能熟练应用为止。

王其和太极拳的"三步半散推手"不同于杨式、武式太极拳的"三步半活步推手"，它是在"三步半活步推手"的基础上又融合了梅花拳的三角步，采用单搭手的形式，将传统的掤、捋、挤、按、采、挒、肘、靠融入其中。

王其和太极拳分为"搭手"与"不搭手"两种。搭手又分为单搭手与双搭手，"搭手"是推手，"不搭手"是散打。 王其和太极拳的"单搭手"也不同于单推手，它是梅花拳"三角步"和"八方步"的融合，从散手实战出发：前手高抬防守上半身，避正打斜，也可以试探、佯攻，而后手在腰间既可以护肋、护裆、防对方腿法，也可以上抬护头，还有利于在对方人多时迅速转身换位，与现在散打的体位相似。在推手训练中，还有磨肩、磨胯、磨膝的训练。"磨肩"指两人肩膀相互接触，如推手般进行攻防练习。"磨胯"（也称为"蹭胯"）指两人以胯为接触点进行划圈和掤、捋、挤、按练习。这个动作广泛存在于当地红拳中，应是王其和从当地红拳中吸收借鉴而来。"磨腿"两人腿部相接，以此为接触点进行划圈和掤、捋、挤、按练习。

王其和太极拳还有一种"三步半捯靠活步推手"，这种推手形式内含掤、捋、挤、按、采、挒、肘、靠，以及四正、大履等内容，而且两人的胯与胯之间是蹭着走的，一个身法的转换就可以使对方突然失去重心。同时，这种推手还可以相互"递拳"，以直拳滚进、滚出的方式进行训练，技击性非常强。

三、劲法内容

王其和太极拳有多种劲法，但主要可分为两种，即短劲与长劲。长劲是把劲发长，将人腾空击出很远。正如李剑方在《王其和太极拳图册》中所说："当年王其和太极拳第二代大师王景芳先生常说'不能把人打飞，不算太极拳'，由此可见其对太极功夫的认识程度和实际水平。"其中最为著名的是"墙上挂画"。"墙上挂画"也称"贴墙挂画"或"美人挂画"，指将人凌空击出，被击之人后背贴墙后有一个短暂的停留，之后再从墙上滑落到地面。这种劲看似骇人，但不会伤人，而且被打之人感觉还很舒服，往往会主动要求再打一下。

短劲是被击打的人不发生位移，伤害性极强，一般不用。短劲分很多种，如透劲、采劲、抖劲、惊劲等。透劲是外形上没有感觉，也没有伤，而渗透到里面，伤在内部。据张占祥讲，王其和当年拍人一掌，可以外面不红不肿，内部化脓，这就是透劲。采劲就是突然向下的劲。当年，王景芳在家把其房顶的大梁当作滑车，穿一条绳过去，绳的一端拴一个石锁，突然用采劲拉另一端，可以使石锁腾起一米多高。抖劲是脊柱带领全身，瞬间的抖动，如同公鸡抖土，或驴打滚抖土，王景芳常用"金鸡抖翎""骡子抖擞毛"来形容。惊劲是突然的抖动，此抖劲更为冷脆、干烈，如同皮肤燃火、打寒战、遭电击。

王其和太极拳还有一种"缝儿劲"，也称"门缝劲"。这种劲如同两扇对开的门突然关闭时，从门缝中刮出的细风。这种"缝儿劲"的形成是由两个力同时向矢状面相合，两者碰撞后，沿矢状面而出，感觉如一道风刮来。

四、散手战略战法

王其和太极拳属于"半封半打"的散手拳，融合了红拳、梅花拳和杨式太极拳的《审敌法》。

《审敌法》中说："与人对敌先观其体格大小，如身体大必有莽力，我以巧应之；如其身体瘦小必巧，我以力攻之。此为遇弱者力取，遇强者智取，无论其人大小，如彼高式，我可以低式；如彼低式，我可以高式，此为高低阴阳之法也。 欲观敌方之动作先观其眼目情形，次观其身手，如敌想用拳打，先观其肩尖必凸起或观其后撤；如敌欲用脚蹬，其身必先昃。理之所在以定情形，如能先知，何其不胜。如敌喜色交手，我以柔化之；如敌怒目突来，其心不善，我用力十分击之，此为出乎尔者，反乎尔者，望敌无怨。练太极人先礼后兵。与人对敌出手快慢不等，如敌手慢，我使粘连黏随手；如敌手快，乱打，我心要静，胆要壮，观其最后来近之手，我专注一方或左右化之而还击。常言不慌不忙顺手牵羊，为太极动急则急应，动缓则缓随之理。

"与人对敌其法不一，如敌来近，上搭手下进步，走即粘，粘即走。如敌窜跃为能不敢来近，我以十三势择一式等之，不要随其窜跃，如虎待鹿之理；敌为卦外之行走，我为太极之中点，我主静稳也，敌主动燥也，燥火上升而不能忍，十分钟定来攻击，此为相生相克，敌不难而入内圈矣，此太极生两仪四象八卦定而不可移也。"

散手最重要的是时间差、距离感和空间感，这些都建立在步法、身法、身体素质的基础之上。太极拳散手技击的实战步，主要有滑步、中步、蹚泥步、上步、跟半步、撤步、拖步、车轮步、交叉步、侧闪步、跃步、垫步、扣步、盖步、三角步、群步等。

王其和、王景芳、张占祥都擅长当地的红拳，将太极劲法与红拳相结合，在散手技击中更有"红拳开门，太极打（发）人"之说。 除此之外，王其和太极拳的前辈们经常进行"摸泥鳅"训练。之所以称为"摸泥鳅"，是因为两人对练时不穿上衣，出汗后上肢和躯干如泥鳅般光滑难以抓握。李剑方《王其和太极拳图册》中记录了刘仁海回忆与王景芳练习的场景："每值夏秋季的晚上，两人就在村外的麦场上只穿个裤头练拳，发手时就往麦秸垛上扔，浑身的汗沾上麦秸上的土，和成了泥，身子如泥鳅般光滑，这样坚持了多年，一旦与穿衣服的他人交手，每次必赢（因为容易找到挂力点）。"

王其和太极拳的价值与作用

第七章

第一节

王其和对太极拳的贡献

一、风格上的贡献

王其和太极拳具有鲜明的风格特征。其步如蹚泥、腰如磨盘、身如虎坐、肩如鹰翻、手如抽丝、劲走螺旋、动作轻灵、形如扑鼠之猫，而发劲则干脆、冷冽，具有独特的风格韵味，形成了既有与陈、杨、吴、孙、武太极拳的共性特征，又有自己独特风格的太极拳流派。

王其和太极拳的"磨转拧合，正中寓拗"与陈式的"螺旋缠丝"、武式的"起承转合"、杨式的"中正安舒"、孙式的"活步开合"、吴式的"斜中寓正"一起，丰富了太极拳的运动表现形式。

二、理论上的贡献

王其和在太极拳理论方面有着独特贡献。王其和太极拳的螺旋是对易理、拳理、医理的精确归纳、提炼和简化，三者之间又紧密相连，形成了完整的理论体系。其中，螺旋劲原理、太极拳磨转原理、顺其自然原理、门轴原理，以及人体点状球原理等，极大丰富了太极拳理论。

（一）王其和太极拳"磨转"理论丰富了太极拳理论

王其和太极拳的"磨转"理论，以清晰、直观的方式表现了太极图螺旋的特征，既是对传统太极拳理论的进一步提炼、精炼和简化，也是对太极拳螺旋劲本质的深度凝练和诠释，具有重要的理论指导意义。

（二）形成了完整的三位一体体用模式

王其和太极拳以桩功为基，以劲法为本，以拳架为体，以推手、散手为用的拳法体系，其动作结构严谨，强调体用兼备，注重武医结合，形成了拳架、内养、正骨三位一体，拳架、推手、散手三位一体，拳架、散手、器械三位一体的太极体用模式，其特征完美体现了太极的运动原理和养生之道。

（三）拓宽了《太极拳论》中"处处总此一虚实"的诠释向度

王其和太极拳下盘结构是武式太极拳、形意拳三体式和八卦掌蹚泥步的融合。相对于武式、杨式的下盘，王其和太极拳的下盘结构既有利于身体的灵活和上体的轻灵，也可以避免重心不稳和进退分离的弊病，还更容易化解不同方向的力。

此外，王其和太极拳的下盘还含有一个瞬间腰胯再旋转的动作。当人体从后面或侧面受到突然攻击，或当主重心腿失去重心时，可以通过下盘"偏重则随"的结构，如同圆规或门轴一样，迅速切换重心让对方落空，进而转换为侧面进攻。这既解决了武式太极拳脚跟与前脚掌同时旋转易失衡、不易稳定的问题，也规避了杨式下盘沉重、不灵活的弊病。这一特色也被专业人士认为是王其和先生融合了武、杨两家太极拳和孙禄堂形意、八卦的搏击理念之后，对太极拳搏击技术的一大促进和贡献，进一步拓宽、增补了《太极拳论》中"处处总此一虚实"的诠释向度。

三、技术上的贡献

王其和对太极拳最大的贡献是在技术上。

（一）王其和太极拳的"磨转拧合，正中寓拗"改进了太极拳技术，促进了螺旋劲的形成

王其和太极拳的"磨转拧合，正中寓拗"是对太极螺旋最深邃的理解，它改进了太极拳技术，极大地优化了太极拳的螺旋劲，加速了螺旋劲的形成。通过磨转拧合、以斜归正等身法要求，王其和太极拳产生了自下而上的旋转，形成了"脚底带腰胯，腰胯带全身，上下分两层，腰胯指挥手"的上螺旋模式又通过梢引肘收与上盘转动将力返回到脚底，加速了螺旋劲的形成。由于现在各派太极拳多已简化，无法判定这一技术是早期太极拳原初形态如此，还是王其和借鉴形意拳、八卦掌发展而来或是自己的发明创造。

（二）调整了发力角度，加大了斜上拔根的力量

太极拳有"八面支撑"和"专注一方"的要求，王其和太极拳的

"立化斜发"是对太极拳"八面支撑"和"专注一方"的进一步深化。王其和太极拳动作开始时是立柱式身形，而定势时则通过身形转换，形成后腿与前小臂呈一条斜度相同的斜直线结构。这种结构既可以减少受敌面积，还可以增加旋转幅度，加大腰胯扭矩和角动量，具有顾打兼备的作用。在接劲时，立轴结构可以产生"活似车轮"的效果，更容易化解不同方向的力。发劲时，后脚跟与前手掌根之间是一条贯通的斜直线，如同斜着支撑的柱子，进而加大了斜上的冲击力，可以产生放长击远的效果。

（三）改进了步法，既增加了步法的稳定性、灵活性，也更容易借地之力

不同于各家太极拳的步法，王其和太极拳的步法是"蹚泥步"。这种步法避免了因脚掌抬高再落地造成的重心不稳和时间差，身法变化也更为灵活、迅速。同时，这种步法脚底板与地面贴合更为紧密，能保持脚底和地面的接触面积，增强地面与脚底板之间的摩擦，因此更容易借助地面的反作用力。

（四）改变下肢结构，有效增加发劲的力量

王其和太极拳的上盘继承了杨式太极拳的轻灵，下盘则继承了太极拳弓箭步、形意拳的三体式和八卦掌的扣摆步，是三者的融合。在形意拳中，"三体式"也被称为"拉弓式"，这种下盘结构可以增加筋膜收缩的初长度，以及前踩后蹬的力量，增强了整体发放的动能，再结合脚底扣摆和腰胯的拧转，进一步增加扭矩和角动量，加大了向前的冲击力，增加了击打力度。

（五）改进了上肢出手角度，增加向前上的拔根力

在出手角度上（以搂膝拗步为例），杨式、武式、吴式皆是自耳旁向前推按，而王其和太极拳则是采用形意拳从腰间起手与八卦掌穿掌和太极拳旋掌坐腕相结合的形式，从腰间起手向斜上掤穿，螺旋前进，最后旋臂、搓掌、坐腕，力达掌根。这种出拳、出掌运行轨迹，一是可以让手臂和腰结合得更加充分，防止手与腰分离的弊端，增加了旋转度数和角动量，深化了太极拳"主宰于腰""命意源头在腰际""腰如车轴"的要求。二是增加了向前上方的冲击力，从人体力学结构上说，从腰间出掌，向斜上的运行轨迹，更容易让对方拔根，优化了太极拳"如意要向上，即寓下意，若将物掀起，而加以挫之力。斯其根自断，乃坏之速而无疑"的技术。王其和、王景芳能够将人腾空放出很远，甚至将人腾空击起一二米高，产生"墙上挂画"的效果，就与这种结构的改进密不可分。三是缩短了进攻距离和时间，为抢占先机创造了条件，为得机得势赢得了时间。四是斜角占位与后手的转正及前手的回抽结合，具有较好的防守头部、中线的作用，不易被对手反击。

尽管王其和没有学过现代人体力学，但他凭借着对《太极拳论》的理解和悟性，以及从实战中摸索出的经验，大胆地将此进掌（拳）轨迹予以改进、创新。这种技术上的改进是王其和先生对太极拳的技术贡献，也是王其和太极拳区别于其他太极拳拳派拳势风格、劲路之关键所在。

四、在推手、散手上的贡献

（一）完善了散手战略战法

王其和太极拳继承了杨班侯的"用架"，特别注重散手训练。王其和擅长当地的红拳，在杨式太极拳《审敌法》的基础上，又融合了形意拳、八卦掌、红拳、梅花拳等多种流派的散手技法，整个拳架也是"半封半打"的散手拳。练习者可以在不用学推手的情况下，直接过渡到散打实战当中。王其和太极拳技击实战讲究侧身斜角占位，这个"斜"既包括身体的斜方向，也包括空间位置的斜角占位。这种占位源于梅花桩的"八方步"，既可以减少打击面，又可以增加腰胯扭矩和角动量，进一步完善了太极拳散手搏击的战略战法。

（二）增补、优化了太极拳向实战技击应用的中间环节

王其和太极拳技击分为"搭手"与"不搭手"两种。推手也称为"搭手"，是接触后的较量，"不搭手"是非接触性的散手、散打，可以踢打摔拿随意发挥。王其和太极拳除了单推手、双推手、定步、活步推手外，还发展出了三步半散推手、单搭散推手等。其中，三步半散推

手是推手与散手的技术衔接环节，独具特色。王其和太极拳的三步半散推手不同于武式太极拳的三步半活步推手，它是在活步中半推半打，可以直接过渡到技击实战当中。而且，王其和太极拳还有一种"三步半捯靠活步推手"，这种推手形式内含传统的掤、捋、挤、按、采、捯、肘、靠，以及四正、大履等内容，两人的胯与胯是相互蹭着走的，技击性非常强，可以直接运用到实战之中。这些内容丰富了太极拳技击向实战过渡的训练方法，增补、优化了太极拳向实战技击应用的中间环节。

王其和太极拳的价值

一、历史价值

王其和太极拳是王其和在多年习武打下的扎实基础上，得武式太极拳六年纯功，又经杨家两代五人（杨健侯、杨兆林、杨少侯、杨兆元、杨澄甫）之传，并在与孙禄堂先生多次学习、交流后，经过长期揣摩、体会，将形意、八卦、太极三家精要合一，而形成的一个独具风格的太极拳流派。

王其和太极拳源于杨式太极拳早期的"用架""小架"系统，较为接近早期杨式太极拳原貌。在拳法劲路上，它既继承了早期杨式太极拳的古朴、轻灵、松柔的风格，又继承了武式太极拳严谨的特点。该拳架是研究太极拳劲法的重要参考，具有重要的历史价值。

二、体育价值

王其和太极拳保留了大量的人体结构力学，以及人体动能、势能转化运用的训练方法，是研究中国传统武学的重要参考内容，也是可供现代竞技体育借鉴、参考的内容，具有重要的体育学价值。

三、文化价值

王其和太极拳以螺旋劲为核心，以易理指导拳理，动作结构严谨，拳理清晰，每个动作都生动透彻地诠释了古太极图的原理，将"太极图"演绎得淋漓尽致，是研究中国"活态"哲学的重要参考。

四、医疗价值

王其和太极拳保留了传统的内养功原理、内养方法，在极松静、轻灵的情况下，达到意念、动作、呼吸三者密切结合，具有改善神经系统功能、增强血液循环、提高协调度、柔韧性、灵敏度与反应能力的健身价值，还具有辨别与诊疗筋骨伤的技术，具有重要的医疗保健价值。

王其和太极拳的文化内涵与时代意义

非物质文化遗产凝结、保留和传递着一个民族的历史记忆和文化智慧，不仅是文化认同、文化自信的基础，也是一个民族得以延续，并满怀自信走向未来的根基。习近平总书记指出："发展体育事业不仅是实现中国梦的重要内容，还能为中华民族伟大复兴提供凝心聚气的强大精神力量。"太极拳不仅是中国最具代表性的传统体育项目，更是中国传统文化精神的生动载体，可载道、可化人。古人将"天人合一"视为人生的最高境界。"天人合一"不仅是对天地万物的体察，对人与自然和谐的追求，也是对自己身心的体察和反观内视，还是内外兼修之路。

太极拳源于中国哲学，有着深厚的内涵。太极拳无论在拳理的释义上，还是在练习的目的上，都借鉴和引用了大量的中国哲学思想，处处透射出中国传统文化的基本精神，是传统文化在肢体运动上的具体表现。

中庸是儒家处理事务的总纲，讲求立身中正，而"中定"正是太极拳运动的总纲。太极拳中"不偏不倚"的要求和阴阳对立统一、刚柔并济、虚实相生、周身一体的整体观，无不体现着传统文化的基本精神。儒家"修身、齐家、治国、平天下"的价值观是人生的终极追求，而"天人合一"的观念，又使得"天地正气"与个人的"浩然之气"相合。太极拳中蕴含的仁义中正、独立不倚、阴阳中和、道法自然等观念，代表着中国传统的哲学智慧。这样的价值观念不仅塑造了太极拳套路、拳理、拳法、健身理念，也会对练习者的行为模式、价值取向形成潜移默化的影响。因此，弘扬太极文化，对改善身心健康、塑造民族精神、增强文化自信，都有着重要的价值。

太极拳生动、全面地诠释着传统哲学和思想文化。太极拳要求"中立不倚"，于个人而言，在动作上保持中定可以强身，在为人上持中守正可以立身处世；于民族而言，中正独立、精诚团结可以强国。这正是太极拳对中国文化精神最深刻的诠释。在近代国难当头之际，王其和太极拳的门人又以精湛的武艺和不畏强敌的赤子之心，为本就讲求中正独立的太极拳灌注了革命热血。近代百年奋斗征程的艰难岁月已成过往，但王其和太极拳伴随众位仁人志士做过的革命事迹将永远被后人铭记。民族兴亡，匹夫有责，如今对王其和太极拳的传承，既是对优秀传统文化的守护，也是对革命精神的继承。

文化自信是支撑道路自信、理论自信、制度自信的基础和前提，是更基本、更深沉、更持久的力量，"没有高度的文化自信，没有文化的繁荣兴盛，就没有中华民族的伟大复兴"。因此，以习近平同志为核心的党中央对文化遗产保护高度重视，我国非物质文化遗产的保护和传承工作也取得了辉煌成就。在今天中华民族伟大复兴的奋斗路上，王其和太极拳作为世界、中国、北京市、海淀区四级非物质文化遗产，正在走向世界，走向未来。我们将通过传承、保护、发扬非遗项目所承载的中华优秀传统文化，守护民族的精神家园，使遗产中的红色基因薪火不熄、代代相传。让作为非物质文化遗产的太极拳为社会主义文化强国、体育强国建设发挥更重要、更积极的作用。

关于王其和太极拳的传说、逸事

一、王其和的传说、逸事

（一）

王其和在杨家习拳时，受到杨氏父子杨健侯、杨澄甫的热情款待。其他弟子都是在练功场上练拳，王其和因对杨家有救命之恩，并未和其他人在一块儿学拳，而是在家里练拳，杨家老少两代谁有空谁就教。这使得原来已随杨澄甫习拳的徒弟们倍感嫉妒，于是由杨师的大徒弟某先生出面，以请喝茶为名，欲探究王其和的虚实。

某日趁练功后的闲暇之际，某先生邀王其和到雪海楼品茶。这雪海楼上下两层，中间是一天井，二层围天井一周是大小不等的茶室，天井周边是一圈栏杆。某先生选一间较大的茶室，令伙计沏一壶好茶，两人就悠闲地品起茶来。席间询问与杨家结缘的始末，攀谈了在家乡拜师学艺的经过。最后开始切磋拳技，欲试王其和的功夫到底如何，于是令茶楼伙计将桌椅撤至一角，两人就搭上了手，两人你来我往，你进我退，脚下步如猫行，两臂相接弧形缠绕，这样没走几个来回，待其略微用力，王其和则轻轻一化，借力而发，双手一抖，将其腾空发出[1]，从茶室门口飞出直向天井栏杆撞去。眼看被栏杆一挡，头朝下，脚朝上要栽下去的瞬间，王其和一个前蹿抓住其脚踝将其拉回，正是这"前蹿一丈、后退八尺"的功夫避免了即将酿成的悲剧。

（二）

王其和在会友镖局做镖师时，曾凭借在江湖上的威望和武艺，帮助北洋政府追回丢失的镖银。政府特意颁发一块"太极"匾，还在王家南边的地里搭台子唱了三天大戏。据王志恩先生回忆，此匾是北洋政府时期所挂，时间应为1918年（戊午）。此匾正面"太极"两个字是按照当时通例左行书写，按照从左到右排列是"极太"顺序，下款按照干支纪年有"戊午"字。最初，该匾挂在其家临街的门上，1943年大灾荒，东边邻居外出逃荒到内蒙古卓资县，将其宅基地卖给王景芳家，两家合并时将该匾摘下。由于这块匾较大，曾被王志恩作为床板使用多年。1963年8月，邢台出现历史上罕见的大洪水，该匾与许多物品一起被冲走。2021年，王志恩先生按照记忆，复制该匾赠予北京大学。

（三）

一天，在练习拳术的间隙，众徒弟围坐在师父王其和周围。听师父谈论修炼内功的方法，有好事者从家里抓了把小米，欲试师父内功，待师父往躺椅上斜躺时，便往他的肚脐处放上一小撮小米。只见王其和肚子一吸，丹田力一发，小米悉数被弹到棚簿上的缝中。徒弟哗然，盛赞师父内功深厚，名不虚传。

（四）

一天，王其和给徒弟们讲解《王宗岳太极拳论》中的"一羽不能加，蝇虫不能落"。他用深入浅出的道理，说明练功时间长了感觉愈发灵敏，稍一接触就能感觉到，就如一根羽毛落到身上也不驮，蝇虫那么小也不能落到身上。即使蝇虫落到身上要想再飞走，也可以用化力，使之不能蹬足飞离。接着，他讲到杨露禅师在京时与精通八卦掌的董海川是好友。有一次两人同游德胜门，见有鸟低飞。董海川一跃将鸟抓住，递给杨露禅。杨露禅伸手接住，鸟展翅欲飞，但总也飞不起来，这就是内家拳的掌上功夫。杨健侯亦擅此技，此中奥妙，唯习太极拳深者方能体会到。

一位徒弟好奇地问道："师父，你能给我们试试吗？"师父答曰："可以一试。"一两天后，有徒弟捉来一只麻雀，请师父一试。麻雀放到掌上。麻雀被放到师父掌上以后，任其如何扑腾也无法飞离，它根本找不到着力点，两爪无法蹬实。一青年见到此景，也跃跃欲试。师父抓住麻雀，稳稳放到青年人掌上，嘱咐说："别飞了。"话音刚落，只见麻雀一展翅就飞走了。徒弟们赞叹曰："冰冻三尺，非一日之寒啊！"自此，徒弟们愈发下苦功夫，努力练习、体味这一独到的触觉功夫。

二、王景芳的传说、逸事

（一）

"文化大革命"后期，有一批天津知青下乡到环水村，有几位知青爱好摔跤，在农忙之余常凑到一起切磋跤技。其中有位叫江卫金的，兄长是天津体工队摔跤教练，在津时江卫金耳濡目染兄长的功夫，也得到过兄长的真传，是他们中的佼佼者。如今身在拳乡，也听到过许多有关王景芳的传奇故事。但看到这位其貌不扬、身材矮胖的拐腿农民，又不觉得有什么了不起的地方，总想与他试试身手。身处那个特殊年代，对于知青，王景芳十分慎重，本不愿与之交手，但拗不过村民及知青的一再恳切要求，于是在打麦场上交了手。王景芳往那里一站，即让江卫金随意出招。江卫金一个前冲拳向王景芳当胸打来，眼看拳将撞胸，但见王景芳一接手，眨眼之间江卫金已腾空跌出两丈有余。江卫金翻身而起，饿虎扑食般冲拳再上，王景芳稍移脚步顺手牵羊，江卫金即不觉手之舞之、足之蹈之、如醉如痴、踉踉跄跄而出，二次跌倒在地。这连续两招，在场者谁也不曾看清是怎么回事，就见到江卫金稀里糊涂地跌出去了。江卫金愣在地上，爬起来再也不敢进招了。江卫金回津探亲时向其兄详谈了自己的奇遇，其兄甚为赞叹，嘱江回乡后，一定要珍惜这一机会，拜师求艺学点儿真功夫，于是拳乡王景芳门下又多了位天津腔的弟子。直到王景芳病故后，已返津的江卫金还来信要回拜师父。

（二）

1970年夏季，任县马家庄刘某时年43岁，膀大腰圆、体格威武、猛烈如虎，单手可将碌碡掀起，一个腋窝夹一个碌碡绕打麦场能走数圈。刘某练的是少林拳，功夫精进，他以为太极拳就像摸鱼一样慢慢悠悠，而那些"用意不用力即可将人发出丈外"的传说，都是天方夜谭，因此不屑一顾。

同村的杨春怀练的是王其和太极拳，闻听此说很不服气。适逢刘仁海先生去马庄弹棉花，于是在杨春怀的引荐下刘仁海与刘某交了手，刘某的进招均被刘仁海封住，但未出手还击，所以刘某仍不服气，说："你们这太极拳就这个呀！"

杨春怀思忖：看来非得动手打了，才能让他领略一下咱家拳的厉害。于是骑车到环水村王景芳家，把情况一说，王景芳随即答应："让他来吧。"第二天中午，杨春怀带领刘某来到王景芳家，一番寒暄之后，两人站起来在屋内就要一试身手，王景芳将双手背到身后，头胸完全暴露在刘某面前，并说："你用一生学得最厉害的拳法往我身上打。"这时，刘某迅疾如电、上拳下脚，向王景芳打去，也不知景芳用了个什么招法，把刘某弹起转了一个跟头跌出丈外。刘某爬起一个蹦脚又向王景芳踢去。这时，王景芳一个红拳开门紧接着随手一带，刘被带得腾空而起，重重地摔到床上，由于床的弹性将刘某弹起足有半尺高，跌落至床侧的木桶铁把手上，臀部立刻被硌得青紫一块，不能动弹。王景芳及观者连忙将刘某扶起，坐到凳子上，老半天才缓过气来。刘某愧疚地说："真不知道太极拳有这么厉害，这次我可心服口服了。"

（三）

大陆泽地处河北平原西部，每逢7、8月雨季，一场大雨就将九条大河化为九条"狂龙"，席卷大陆泽。有时即铺天盖地，水声隆隆汇成一道水墙，直扑大陆泽，淹没了庄稼，摧毁了房屋，顿成汪洋一片。

20世纪50年代的一个夏天，麦子刚刚割完，有的麦子刚割下还未来得及拉到打麦场上。一场大雨过后，河水暴涨，河堤决口，县水利局干部职工在县长的带领下与沿河群众一道奋战抢堵溃堤，根根木桩从决口两侧向着中间延伸，喊声、打桩的吆喝声在隆隆的水流声中此起彼伏，树枝、席子不断被披到木桩上，一包包装着泥土的草袋被牢牢贴在逐渐向中间围拢的堤前。决口越来越小，被阻的水流下泄愈加湍急。眼看决口已不足一丈时，木桩被流水冲得再也稳不住了，此时人根本站不住，更无法将桩扶稳。即使调来木船，想尽各种办法也无济于事。正当人们一筹莫展时，有一位曾目睹王景芳披坝治鱼的农民提议请王景芳帮助合拢决口。于是县领导决定召王景芳前去一试。

风风火火赶来的王景芳查看了流速，令人将船头、船尾各系一根缆绳，两边群众奋力拉住小船，王景芳纵身，跳入水中以他"动若江河，静如泰山"的太极功在激流中稳稳站定，接住船上递来的木桩，双手合力向下一扎，木桩就牢牢地定在激流中了。这时，船上的人迅速轮流抢锤打桩，与在水中的王景芳通力合作。不一会儿工夫，四五根木桩就打完了。接着又是一阵忙碌：填树枝、披苇簿、敷席子、沉草袋，这龙门口算合拢了。望着被堵住的决口，县长走上前紧紧握住王景芳的手，感谢他为群众办了一件大好事，并道："龙门口这最后几桩真是非你莫属啊！"

自此，王景芳在太极技击大师以外，又多了一个"土水利专家"的称号，之后防洪抢险时，王景芳成了县领导的好参谋、好帮手。他对环水村周围地势了如指掌，不用测量仪器，在他的指导下修好台渠，开泵就能引水灌田。

（四）

王景芳的弟子张占祥，其父是共产党员，新中国成立后被分派到辛店镇任镇长，张占祥就跟随本地拳师刻苦练习红拳多年。几年后，张占祥到环水村任队长，那年张占祥19岁。一日，他看到一个人在缓慢移动，他上去问道："你这是干啥？"那人回答说："练拳。"他想："练拳！这也是拳？"占祥又问："这拳能干啥？"那人回答说："能锻炼身体，练好了还能打人呢！"张占祥心想："这拳也能打人？把你打倒我再睡一觉你还没反应过来呢！"于是问道："咱俩能比试一下吗？"那人回答说："我现在还不行，你可以找我老师。"张占祥又问："那你能带我见见你老师吗？"那人回答说："可以。"

于是，张占祥被领到王景芳家中。说明来意后，王景芳把他带到院子当中，王景芳说："随便来吧。"头扭向一侧全然不顾。张占祥心想："趁人家不注意的时候进攻别人，胜之不武。"就说："你注意点。"王景芳回答："我注意着呢，你来吧！"他上去就是一拳。王景芳用手一接。张占祥立刻就感到自己身体一空，晕晕乎乎飘了出去，向两丈外的一棵树撞去。马上撞到树时，王景芳纵身一跳拽住了他。张占祥回忆说，当时被打出去后没有特别的感觉，但王景芳拽住他后的刹那，他感到内脏如同掉下来一样，难以名状地难受。王景芳问他还试不试，他回答说："当然要试，一下子怎么能知道胜负！"第二次他计划改变策略，上出拳佯攻后，再下出腿突然进攻，但又被腾空掷了出去。王景芳问他还试吗？他回答："试，我要试够三次。"王景芳对这个不识抬举的年轻人也真的生气了，但在当时那个社会，如果占祥先生被他打伤，会给他带来大麻烦，这点王景芳很明白。第三次，当张占祥出腿进攻，还没来得及换势，王景芳就直接把他发到一个一人多高的柴草垛上，问他："还试吗？"

张占祥见识了太极拳的威力，完全放弃了原来的拳术，开始跟随王景芳学习太极拳，孜孜不倦20余年，尽得其传。练至功力精纯，内外功夫兼备，踢腿可以轻松搭在肩膀上，身法极其敏捷，有前蹿一丈后退八尺之步法，如同灵猫扑鼠，令人猝不及防。张占祥发劲轻灵绵软，被打者常常被腾空发出丈外，而且他常常告诉对方后再发劲，对方依旧被打出。

张占祥艺成后，在王景芳的带领下到各地印证功夫，弥补了他老人家多年来因腿伤行动不便，不能将其拳术发扬光大的遗憾。据南留寨村一个老人回忆，30多年前他正值壮年，慕名去环水村找王景芳试手，当时张占祥在场。王景芳说："你和他试试吧。"张占祥先生体型瘦小，身高1.65米左右，体重不到60公斤。他看张占祥身体瘦小，心想："这么瘦小的人能有啥能耐，估计一拳就能把他打趴下。"他瞅准时机，猛地出拳，但突然感觉身体一空，惊出一身冷汗，回过神来发现已被张占祥举过了头顶。

三、王其和、王景芳父子年表

（一）1885年4月3日（光绪十一年　乙酉二月十八日）

王其和出生于河北省任县环水村。

（二）1890年（光绪十六年　庚寅）六岁（虚岁，下同）

开始随本村人习红拳。

（三）1893年（光绪十九年　癸巳）九岁

1889至1894年，清末武举景廷宾在任县、巨鹿、顺德府南关办武校，王其和随景师习梅花拳、器械。

王其和太极拳

（四）1898年（光绪二十四年　戊戌）十四岁

弟子孙群考出生。

（五）1900年（光绪二十六年　庚子）十六岁

前往本县大北张村拜刘瀛洲为师，学习三皇炮捶六年，其间还到尧山东良拜梁庆祥为师习随手。

（六）1902年（光绪二十八年　壬寅）十八岁

景廷宾起义队伍赴太行山打游击，路过环水村，因带队人讲："这是我师弟王其和的村。"而平和路过，秋毫无犯。

（七）1904年（光绪三十年　甲辰），二十岁

弟子刘仁海出生。

（八）1905年（光绪三十一年　乙巳），二十一岁

王其和在刘瀛洲家拜杨兆林为师习太极拳。

（九）1908年（光绪三十四年　戊申），二十四岁

杨露禅之孙杨兆林离世后，经刘师介绍到广府拜郝为真为师学习武式太极拳。

（十）1911年（宣统三年　辛亥），二十七岁

弟子刘学海、吴振奎出生。

（十一）1912年（壬子），二十八岁

弟子张金榜、张洪泰出生。

（十二）1913年（癸丑），二十九岁

子王景芳诞生。以下括号内为王景芳岁数。

（十三）1914年（甲寅），三十岁（王景芳二岁）

王其和随郝为真赴京。郝为真得病被孙禄堂接家调治后，王其和拜杨澄甫为师习太极拳。其间杨健侯、杨少侯也亲授其技，第一次就在杨家住了八个月。另有一种说法是传自杨班侯一脉。其间，被会友镖局聘为镖师。

（十四）1917年（丁巳）前后，三十三岁（王景芳五岁）

会友镖局递帖给王其和以关照其冀中南地区镖业，王其和活动范围北至京津，中至冀县码头李、十字河，南到邯郸码头。

（十五）1918年（戊午），三十四岁（王景芳六岁）

1917年冬会友镖局押解北洋政府镖银途中失镖，王其和出面追回。1918年春，北洋政府为其家送"太极"匾。其子王景芳五六岁开始跟在大人后面摸鱼、练基本功。

（十六）1920年（庚申），三十六岁（王景芳八岁）

时年九岁的张金榜拜王其和为师习太极拳，王景芳、张金榜一起系统学习太极拳。王其和此时亦在顺德府（今邢台）及西部山区浆水、路罗川及山西昔阳一带教拳。初到上稻畦办武校与一拳师较技取胜，收徒众多。已知著名代表人物有尹九湖、尹九志、孟东学等。

（十七）1922年（壬戌），三十八岁（王景芳十岁）

时年十九虚岁的刘仁海跟随王其和习太极拳。自此与小其九岁的师弟王景芳成为一对好搭档，在严格训练下，朝夕相处，为日后成为王其和太极拳杰出代表人物打下良好基础。同年，刘学海与刘仁海一同拜王其和为师。

（十八）1923年（甲子），三十九岁，（王景芳十一岁）

王其和与其师弟李宝玉一起被驻军胡景翼部队聘为太极拳教练。

（十九）1927年（丁卯），四十三岁（王景芳十五岁）

时年十七岁的吴振奎拜王其和为师习太极拳。王景芳在学有所成后初试锋芒。

（二十）1928年（戊辰），四十四岁（王景芳十六岁）

杨澄甫师南下，王其和被遴选奉命随师行，到内丘火车站集合后，因突患肠疾而未能随行。

（二十一）1929年（己巳），四十五岁（王景芳十七岁）

时年十七岁的王景芳于尧山四月初一庙会上与一立擂者较技，王虚晃一招："看你的眼镜。"一个托塔式将其举起，将其扔出场外。

（二十二）1932年8月9日（壬申七月九日），四十八岁（王景芳二十岁）

王其和因患病毒性痢疾病故，享年四十八虚岁。

（二十三）1933年（癸酉）（王景芳二十一岁，以下以王景芳为主线）

在一次尧山庙会上，王景芳将与其较技者发出两丈开外，上场时下身着白色裤子（即还戴孝）。

（二十四）1936年前后（丙子），二十四岁

王景芳往来于邢襄大地，在顺德府与多名拳师交流切磋，他的技击功夫名噪一时。

（二十五）1938年7月4日（戊寅），二十六岁

邓小平率部东进，路经环水村时，李大钊亲自发展的早期共产党员、王其和弟子曹绶华以养病为名住王家，由其出面接待，王景芳组织民众用船将部队渡过河，当晚住于刘家台。第二天一早，王景芳背一包袱烧饼给部队送去，并亲手送给邓小平三四个烧饼。早饭后，由曹、王二人送邓小平沿澧河东岸过留垒河石桥后，向奔南宫进发。

（二十六）1941年（辛巳），二十九岁

曹绶华因肺病加重，住进日本人在邢家湾开办的医院，因其共产党员的身份暴露而被日本人注射药物杀害。

（二十七）1942年11月（壬午），三十岁

日寇进村围剿，王景芳与檀凤琳、王其朋、张爱林、金运山等五人出村往南跑时，其中四人中弹，王景芳与张爱林受重伤，檀凤琳未受伤。同年，弟子刘学海因参与地下革命，被告发，惨遭日寇杀害。

（二十八）1945年（乙酉），三十三岁

檀凤琳等四人在王家拜王景芳、刘仁海为师习太极拳。

（二十九）1950年（庚寅），三十八岁

王景芳在村北麦田锄地，一来访者称到塔台找王景芳，王景芳说："你就跟我试试吧，不行你再找他。"来者败，相互也未报个姓名。

（三十）1957年（丁酉），四十五岁

孙群考去世。

（三十一）1960年（庚子），四十八岁

刘仁海在地里干活，接待了一位自称来自山东的人，要为其师报一败之仇。知王其和已故，执意要与刘过手，以败告辞。同年春，刘仁海、王景芳参加了在巨鹿举行的邯郸大专区运动会，刘仁海获太极拳成年组第一名。由此，二人结识了会议裁判姚继祖、魏沛林。

（三十二）1962年（壬寅），五十岁

一日，一位保定的武者慕名来到刘仁海家，刘伴称已出门，王景芳正好赶上，称与刘仁海学过几天拳，可以与来者先试试。两个回合后，来者抱拳称服。

（三十三）1965年前后（乙巳），五十三岁

王景芳接待了一位邢台的年轻人，其声称打遍邢台无敌手，被王发出两丈余而服了气，爬起来就要跪地拜师。王拂袖而去，不收此徒。

吴图南两位弟子（据王志恩说，其中之一是马有清），自北京不远千里而来，亲自领略了太极拳的技击功夫，并居住半个月才返回北京。自此，王景芳与吴图南也成了未曾谋面的朋友。

（三十四）1966年（丙午），五十四岁

刘、王、张、吴等人以农耕为生，只是以打拳自娱，不再授拳。来自天津的知青江卫金等一起练摔跤时，得知王景芳的功夫厉害，在乡亲和知青的起哄下，拗不过的王景芳才出手，江卫金进招三次，均被王景芳以散手迎战瞬间化发跌出，自此拜王为师习太极拳。

（三十五）1970年夏（庚戌），五十八岁

王景芳接待了一位与同门师兄交手被制仍不服气的少林拳师，时年四十三岁的刘某由其同乡杨春怀引路来到王家，在屋里被连发三次而折服。

（三十六）1981年2月（辛酉），六十九岁

山西太原檀凤琳弟子汤晋铭等寻根问祖，亲身体验了刘、王的功夫。汤晋铭称颂王景芳妙手空空，只恨相见太晚，执意想请王景芳到太原，但王景芳身体欠佳无法成行。对此，汤晋铭深感遗憾。

（三十七）1980年（壬戌），七十岁

7月，刘仁海因病去世。11月王景芳去世。之后，张洪泰于1985年7月去世。张金榜于1991年去世。1998年8月，吴振奎去世。至此，第二

代宗师均已辞世。

注　释

[1]　发出：太极拳术语，类似"掷出"。"发"就如同炮弹、弓箭被发射出，强调的是弹射而出之义。"发出"不等同于"击出"或"推出"，"发出"是有人腾空弹射而出，但又没有受到伤害之义。

参考书目

BIBLIOGRAPHY

1.[宋]周敦颐：《周敦颐集》，中华书局2009年版。

2.[明]来知德：《周易集注》，九州出版社2004年版。

3.《永年太极拳史料集成——从古城走向世界》，中国·永年国际太极拳联谊会，冀邯地出准字（93）第52号。

4.吴公藻：《太极拳讲义》，上海书店1985年版。

5.郝少如：《武式太极拳》，人民体育出版社1992年版。

6.杨澄甫著，邵奇青校注：《杨澄甫武学集注》，北京科学技术出版社2016年版。

7.王志恩整理：《王其和先生传拳谱》，内部资料，2002年印刷。

8.王志恩：《嫡传王其和太极拳六十四式》，内部资料，2008年印刷。

9.王志恩：《嫡传王其和式传统太极拳六十四式》，内部资料，2015年印刷。

10.王志恩：《访谈实录与正本清源合集》，内部资料，2022年印刷。

11.宋幸民、曹元奇主编：《故乡纪事》，河北省隆尧县东庄头村，2018年4月印刷。

12.曹志清编著：《形意拳理论研究》，人民体育出版社1988年版。

13.郑瑞、谭大江编著：《武当赵堡太极拳小架》，人民体育出版社2000年版。

14.李剑方：《王其和太极拳功法述略(上)》，《武当》，2017年第2期。

15.李剑方：《王其和太极拳功法述略(下)》，《武当》，2017年第3期。

16.李剑方：《太极文武论》，河北人民出版社2006年版。

17.李剑方：《王其和太极拳图册》，中央文献出版社2016年版。

后记
AFTERWORD

　　王其和太极拳是清末王其和先生在习练多种拳术打下扎实基础上，又得杨、武两家之传，并融合了形意、八卦的身法、劲法，而形成的以"磨转拧合，正中寓拗"为主要风格特征的太极流派。王其和太极拳以出功快、实战能力强而著称，新中国成立前就已流传于北京、天津、山西、河北、山东等地，河北传人尤多。

　　王其和太极拳非常独特，但其理论看起来似乎不是那么系统、全面。实际上，这并非是囿其内蕴不够或功法本身不足，而是缺乏挖掘、整理所致。造成这种状况的原因，一是太极拳属于难度较高的实践艺术，传统的传习方式多靠心领神会，很少用文字表达，继而忽视了文字记载，如三点一线、上虚下实、以斜归正等，可谓众所周知，但这些要领及其具体细节却没有通过文字形式记录下来。二是受前几代人整体文化水平和表达能力所限，只能依靠言传身教、口耳相传的方式传承。三是很多弟子只热衷于技击和用法的学习，造成了重口传身授、轻理论学习的倾向。四是总结这些风格特征的难度极大，如果没有足够的专业化水平、缺乏技艺的系统归纳能力，就无法对其进行有效提炼和总结并准确表达出来，更毋庸说形成系统的理论。所以，多数传人只能对王其和太极拳的风格、技法做一些简单的描述，如上盘杨式、下盘武式、下身严谨、上身松活等。

然而，王其和在融合杨、武两家之后，又结合自己所学，将拳术进行了提升和发展，不仅使技术、风格发生了变化，在劲法、劲路上也形成了自己的特点。尽管各家太极拳在内核上是相通的，但在表现形式上，存在较大差异。所以，其他太极拳流派的理法无法用于指导王其和太极拳的技术。而王宗岳的《太极拳论》《太极拳十三势总歌》等经典理论又过于宏观、抽象，缺乏与技术连接的具体方法。尽管王其和留下了十分珍贵的《拳论》手抄本，但这些内容除《六十四势拳谱》外，基本上都是抄录别家的作品，无法体现王其和太极拳的独特风格与技术要求。与之相比，王其和留下的诸多练功口诀和口传心授之法则更为实用，它们是王其和在继承杨、武两家太极拳的基础上，通过长期观察、实践而形成的对人体结构、生物力学的认识，最为珍贵、难得。但这些要旨，如果缺乏文字记载和系统的理论归纳，仅依靠言传身教、口耳相传或心领神会，就只是存在于传承人内心的一种隐性知识，也就是说，尽管他本人有功夫、有体悟，内心也十分明白，却无法准确传达出来，让其他人获知。这种情况下，其所知、所学，以及关键知识点就无法得到有效传承，更难以代代相续。最后造成的结果往往是人走技亡。此外，如果缺乏规范化、系统化、科学化的理论总结，无法以公众可理解的显性知识表达，就无法让更多人接受，也很难使其昌明。因此，对王其和太极拳的理法进行挖掘、整理和研究具有紧迫而重要的意义。

我的堂哥和邻居都曾随王其和弟子吴振奎学习太极拳，所以我自幼就听过很多关于王其和、王景芳的逸事，也曾学习其拳架和推手，但并未得其精要。2001年，为了探究传统太极拳的劲法，我拜在了王景芳得艺弟子张占祥门下，亦跟随王其和之孙王志恩先生学习，还曾在王志恩先生的指导和帮助下，对王景芳亲传的几位在世弟子进行了走访和学习，对王其和、王景芳一脉的太极拳功法、劲法进行挖掘和整理。我学习王其和太极拳的初衷只是受好奇心的驱使。因少年时听闻王其和身居乡野，却曾得杨家之真传，具有极强的技击性。因而想探究一下王其和一脉究竟还留有太极拳的什么奥秘和内涵？与张占祥先生初次见面被调了几下动作之后，就瞬间进入一种独特的状态，这使我认识到技术传承的重要性。出自专业赋予的技术敏感性，我深深感叹其保留的这些看似不起眼、不值钱的东西，实则不知凝聚了多少代人的心血和智慧！这个时代太极拳的技击功能已缺乏用武之地，但若完全失传也甚为可惜。学艺之初，也不曾预料到它日后竟能成为非遗项目。然而，也正是借非遗的契机，我才有机会将其整理出来，让更多的人了解这项古老的艺术。这也算是为太极拳传承贡献了自己的绵薄之力，也不枉老师们的教导之恩。

本书为北京市文学艺术界联合会、北京民间文艺家协会组织编撰的"非物质文化遗产丛书"之一，感谢北京民协副主席石振怀以及北京出版集团对本书的鼎力支持和帮助。

本书能够出版还要感谢北京市文旅局和海淀区非遗处的王凤华主任。同时，更要感谢刘玉萍教授、吕韶钧教授、张连成教授对本书提出了诸多宝贵修改意见，使本书更为完善。另外，要感谢岳莉、曹羽、黄亦陈、蔡千千、刘卢琛、唐佳奕做的编辑、校对工作。尤其是岳莉和曹羽，编辑、修订的主体工作是由她两人完成

王其和太极拳

的，而本书所有的图片编辑、处理则是由岳莉一人完成的。后期的文稿修订是由岳莉主导，蔡千千领衔，黄亦陈负责，刘卢琛、唐佳奕共同参与下完成的。

本书还要感谢王志恩先生。我的研究工作在他的研究基础上展开，没有他的前期工作和大力支持，我对于王其和太极拳的核心与奥秘，将花费更多的时间和精力才能一探究竟，甚至有些人或事，无法得知其详情。还要感谢我的师叔、师伯们的支持和帮助。尤其是王俊堂师叔和尼仁江师伯。王俊堂师叔是景芳先生最小的弟子，自17岁时随景芳先生学习太极拳，他与景芳家是老亲戚。俊堂师叔为人忠厚、谦虚恭敬、待人诚恳，随景芳先生学习十余年，直至景芳先生去世。我曾多次求教于俊堂师叔，受益颇多。尼仁江师伯，性情温和，为人忠厚恬淡，深得景芳先生厚爱，其劲精纯、空灵、细腻，腰胯之功也极具造诣，也最为接近景芳先生之劲。但由于其性格恬淡，从不主动对外显露，更不喜与人相争，所以未引起人们的关注。我的很多太极拳窍要都得自于尼师伯。

由于教学任务繁重，本书的撰写十分仓促，不尽如人意之处，希望能够得到读者的批评指正。同时，本书对王其和太极拳历史渊源、传承情况、功法特点、理论内容进行了简单介绍，但限于本系列书目字数、风格、题材的要求，在拳理、功法和理论深度上无法充分展开，以后若有机会再详细介绍。

杜军明

2024 年 2 月 23 日于北京大学蔚秀园